Das Buch

»Blankenburg hat diese dritte Auflage durch eingreifende Umarbeitung auf den neuesten Stand gebracht. In leicht faßlicher Form werden die wissenschaftlichen Ergebnisse, ebenso aber auch unterschiedliche Beurteilungen und selbst kontroverse wissenschaftliche Stellungnahmen erläutert oder doch wenigstens in gründlicher Fragestellung umrissen. Ausführlich werden die Thesen zur Entstehung der h-moll-Messe und die Quellenlage behandelt, da sie erst für das angemessene Verständnis und die sachgemäße Beurteilung dieses Werkes die zutreffende Voraussetzung schaffen.«

Hubert Unverricht in ›Musik und Bildung‹

Der Autor

Walter Blankenburg (geboren 31. Juli 1903 in Emleben bei Gotha) studierte Theologie und Geschichte sowie Musikwissenschaft bei Heinrich Besseler, Friedrich Blume, Wilibald Gurlitt, Friedrich Ludwig und Arnold Schering. Nach theologischen und philosophischen Examina promovierte er 1940 zum Dr. phil. der Musikwissenschaft mit der Dissertation über ›Die innere Einheit von Bachs Werk‹. 1933–1947 war er als Pfarrer tätig, 1947–1968 leitete er die Evangelische Kirchenmusikschule in Schlüchtern. In seinen Schriften befaßt sich Blankenburg mit kirchenmusikalischen Themen, insbesondere mit dem Werk J. S. Bachs.

Walter Blankenburg:
Einführung
in Bachs h-moll-Messe

Deutscher
Taschenbuch
Verlag

Bärenreiter
Verlag

Meinen Kindern
Brigitte Mundry, Christiane Schnitger,
Dietrich und Martin Blankenburg

1. vom Autor völlig neu bearbeitete Taschenbuchausgabe 1974
3. Auflage März 1986
Gemeinschaftliche Ausgabe:
Deutscher Taschenbuch Verlag GmbH & Co. KG,
München, und
Bärenreiter-Verlag Karl Vötterle GmbH & Co. KG,
Kassel · Basel · London
© 1974 Bärenreiter Verlag, Kassel
Umschlaggestaltung: Celestino Piatti
Satz: Bärenreiter, Kassel
Druck und Binden: C. H. Beck'sche Buchdruckerei,
Nördlingen
Printed in Germany. ISBN 3-423-04394-6 (dtv)
ISBN 3-7618-4394-1 (Bärenreiter)

Inhalt

Vorwort 7

Die Entstehung der h-moll-Messe 10

Das Schicksal der autographen Partitur
der h-moll-Messe. Erstdruck und früheste Aufführungen . 15

Missa tota et concertata. Zum Gesamtcharakter des Werkes 22

Die Missa
  Das Kyrie 26
  Das Gloria 31

Das Credo (Symbolum Nicenum) 52

Sanctus — Osanna — Benedictus 90

Agnus Dei — Dona nobis pacem 99

Nachwort 103

Neuere Literatur über die h-moll-Messe 106

Der Text der h-moll-Messe 109

Vorwort

Die h-moll-Messe nimmt in Bachs Lebenswerk eine einmalige Stellung ein; sie ist die einzige »Missa tota«, die er geschaffen hat, sieht man von seiner Bearbeitung der »Missa sine nomine« von Palestrina ab. Allerdings ist von einem so hochverdienten Forscher wie Friedrich Smend, dem Herausgeber des Werks in der Neuen Bach-Ausgabe (NBA II/1, Bärenreiter: BA 5001), die Zusammengehörigkeit der einzelnen Teile, die wir zusammen als h-moll-Messe bezeichnen, bestritten und daher deren Existenz verneint worden. Er sieht in diesem Titel ein »historisches Mißverständnis« und hält es für einen »künstlerischen Fehlgriff«, von einer »Messe in h-moll« oder gar von einer »hohen Messe« zu sprechen und alle Sätze vom »Kyrie« bis zum »Dona nobis pacem« hintereinander aufzuführen (Kritischer Bericht zu NBA II/1, Seite 188). Daher nennt Smend auf der Titelseite der Ausgabe auch tatsächlich nur die vier Teile als einzelne, gesonderte Kompositionen und fügt lediglich in kleinem Druck »später genannt: Messe in h-moll« hinzu. Es wird sich jedoch, dies sei vorweg gesagt, in unserer Darstellung allenthalben, auch schon in dem Abschnitt über die Entstehungsgeschichte des Werkes, danach aber vor allem in der Einzelbetrachtung die Einheit der h-moll-Messe als eine unumstößliche Gegebenheit erweisen.

Ist diese also kein »historisches Mißverständnis« und wird die h-moll-Messe nach wie vor und auch mit Recht häufiger denn je geschlossen aufgeführt, handelt es sich somit tatsächlich um ein — im mehrfachen Sinne des Wortes — einmaliges Werk in Bachs Schaffen, dann ist es wohl vorstellbar, daß sein Schöpfer in ihm Außergewöhnliches zum Ausdruck bringen wollte. Eben der Erkenntnis dieses Außergewöhnlichen will sich unsere Schrift im besonderen widmen. Gewiß kann man von der h-moll-Messe auch ohne eine Einführung ergriffen werden, und es werden tatsächlich immer wieder ungezählte Hörer von ihr überwältigt, allein dadurch, daß sie sich einem allgemeinen Eindruck des Werkes hingeben. Mit der h-moll-Messe ist aber offenbar mehr beabsichtigt; Bach will hier mit zum Teil eigentümlichen musikalischen Mitteln offensichtlich Besonderes aussprechen, wie er es in dieser Weise in keinem anderen seiner Werke getan hat. Um die Erläuterung dieser Mittel aber soll es sich im folgenden vor allem handeln und damit um die Darbietung von Hilfen für verständnisvolles Hören. Eine solche Einführung erscheint um so angebrachter, als die Besonderheiten der h-moll-Messe erst in den letzten Jahrzehnten mehr und mehr ins Licht gerückt sind, und wir meinen, daß wir das Werk heute besser verstehen können als frühere Generationen.

Ohnehin ist die letzte Auflage von Hermann Kretzschmars »Führer durch den Konzertsaal« von 1921 ebenso wie die diesem entnommene Einzelausgabe einer Einführung in unser Werk längst vergriffen. Danach ist in deutscher Sprache nichts ähnliches mehr erschienen, sieht man von einigen, zum Teil allerdings bedeutsamen Erläuterungen zur h-moll-Messe in verschiedenen Programmheften von Deutschen Bachfesten ab (siehe die Literaturübersicht).

In Holland dagegen erschien während des letzten Krieges eine sehr achtbare »Handleiding« zu »Bachs Hoogmis« von Anthon van der Horst und Gerard van der Leeuw, die aber wenig bekannt geworden ist. Nicht viel anders scheint es mit Norbert Dufourcqs Heft »La Messe en si mineur de J. S. Bach«, das 1948 in Paris erschien, gegangen zu sein. Beide Veröffentlichungen nähern sich jedoch spürbar unserer eigenen Betrachtungsweise des Werkes.

Seit dem Erscheinen der zweiten, seit Jahren vergriffenen Auflage unserer »Einführung« — die erste war für das Bach-Gedenkjahr 1950 fertiggestellt worden — hat die Bachforschung nahezu sämtliche bisherigen Vorstellungen von der Entstehungsgeschichte der h-moll-Messe als irrig erwiesen. Das entsprechende Kapitel der vorliegenden Neubearbeitung mußte daher neu geschrieben werden. Das Bild, das sich nunmehr ergeben hat, scheint freilich Friedrich Smends These von zusammenhanglosen Einzelkompositionen, die erst lange nach Bachs Tod zu einem Werk zusammengefügt worden seien, zu bestätigen; denn nach heutiger Kenntnis hat sich die Entstehung der h-moll-Messe über den ungewöhnlichen Zeitraum von mehr als zwei Jahrzehnten erstreckt. Dadurch fällt zweifellos auf das Werk ein eigentümliches Licht, so daß über diesen Werdegang eingehender berichtet werden soll. Außergewöhnlich ist aber auch das spätere Schicksal der handschriftlichen Partitur wie schließlich der mühevolle Weg bis zu ihrer Drucklegung und bis zur Erstaufführung des Werkes im 19. Jahrhundert, die wahrscheinlich sogar seine Uraufführung gewesen ist. Auch davon soll daher berichtet werden; denn das Schicksal einer Schöpfung wie der h-moll-Messe kann gewiß über die fachwissenschaftlichen Kreise hinaus Interesse beanspruchen. Allerdings wollen wir von alledem, soweit die Tatsachen klar sind, nur ganz schlicht erzählen; wissenschaftliche Erörterungen und Auseinandersetzungen können nicht zur Aufgabe dieser Einführung gehören; sie ist, wie gesagt, in erster Linie als Verständnishilfe für den Hörer gemeint, wenn sie vielleicht auch für alle, die sich als Sänger oder Instrumentalisten oder sogar als Dirigenten auf einfache Weise mit der h-moll-Messe eingehender befassen möchten, nützlich sein kann. Am Schluß der Schrift bieten wir jedoch ein ausführliches Literaturverzeichnis mit kurzer Charakteristik einzelner, besonders wichtiger Arbeiten, wobei deutlich werden soll, wem der Verfasser Anregungen verdankt.

Schließlich ist auch der Hauptteil der Einführung, die Werkbesprechung, nicht nur infolge jüngster Forschungsergebnisse, sondern vor allem aufgrund immer neuer Beschäftigung mit der Bachschen Musik nicht nur überarbeitet, sondern teilweise auch wesentlich erweitert worden. Dabei wurde das Parodieproblem stärker berücksichtigt als in den früheren Auflagen, weil auch damit, wo immer es in Erscheinung tritt, die Frage nach der Eigenart des Werkes gestellt ist. Einen besonderen Anstoß zu größerer Ausführlichkeit gab ferner der im Jahre 1965 im Bärenreiter-Verlag erschienene Faksimile-Nachdruck der autographen Partitur der h-moll-Messe; gewährt dieser doch auch dem interessierten Laien manch tiefere Einblicke in Bachs Kompositionsweise, worauf wir vor allem an einer Stelle, die uns an den Kern einer Überlegung Bachs heranführt, besonders eingehen werden. Bereits im Jahre 1924 hatte der Insel-Verlag in Leipzig einen Faksimile-Nachdruck herausgebracht, jedoch nur in 550 Exemplaren, die schnell vergriffen waren, von denen aber sicher manche in Bibliotheken erreichbar sind. Wem es möglich ist, eine dieser Ausgaben in die Hand zu bekommen, der sollte sich dies keinesfalls entgehen lassen. Im übrigen aber sollte jeder beim Studium der Einführung mindestens einen Klavierauszug (nach NBA: Bärenreiter-Ausgabe 5102a), besser jedoch, um die Instrumentalstimmen genau verfolgen zu können, die Taschenpartitur nach der NBA (Bärenreiter-Taschenpartitur 1) oder den betreffenden Band der neuen Gesamtausgabe ständig zur Hand haben.

Die Entstehung der h-moll-Messe

Der Nichteingeweihte mag mit Verwunderung die Frage stellen: Wie ist es möglich, daß von der Entstehungsgeschichte eines so berühmten und nicht einmal sonderlich alten Werkes wie der h-moll-Messe bisher dermaßen falsche Vorstellungen bestanden haben, daß neue Forschungen diese von heute auf morgen zunichte machen konnten? Die Antwort ergibt sich aus der einfachen Tatsache, daß die h-moll-Messe wie sämtliche kirchenmusikalischen Vokalwerke Bachs — ein oder zwei Werke ausgenommen — zur Zeit ihrer Entstehung ungedruckt blieb, also nur handschriftlich überliefert wurde. Keines der Manuskripte aber trägt, im Unterschied zu nicht wenigen anderen Handschriften Bachs, ein Datum. Lediglich über den von Bach als »Missa« bezeichneten, Kyrie und Gloria umfassenden Teil war auch bisher schon Näheres bekannt: Die ausgeschriebenen Stimmen dieser »Missa« überreichte Bach am 27. Juli 1733 mit einem Begleitschreiben seinem Landesherrn, dem sächsischen Kurfürsten Friedrich August II., der als gleichzeitiger König von Polen August III. hieß. Mit dieser Gabe bewarb sich Bach um den Titel eines sächsischen Hofkomponisten, jedoch zunächst ohne Erfolg; erst Ende November 1736 wurde nach einem weiteren Gesuch seine Bitte erfüllt (siehe die nebenstehende Abbildung und *Bach-Dokumente I*, Supplement zu NBA, Kassel 1963, Seite 75). Ob nun die »Missa« vor der Überreichung des Stimmenmaterials in Leipzig aufgeführt worden ist, etwa beim Erbhuldigungsgottesdienst für den neuen Kurfürsten am 21. 4. 1733 in der Nicolaikirche, wie von einzelnen Forschern angenommen wird, ist möglich, aber nicht erwiesen; einiges spricht dafür, anderes dagegen. So wissen wir über ihre Entstehungszeit annähernd Genaues nur durch das vom 27. Juli 1733 datierte Begleitschreiben anläßlich der Überreichung in Dresden.

Von den anderen Teilen der Messe meinte man bisher, das Credo sei bereits 1732 entstanden und das Sanctus sowie die restlichen Stücke von Osanna bis Dona nobis pacem seien bis etwa 1738—39 dazugekommen, so daß das gesamte Werk um diese Zeit fertig vorlag. Um so größer war die Überraschung, als infolge der Chronologie-Forschungen von Alfred Dürr und Georg von Dadelsen in den fünfziger Jahren, wobei letzterer sich unserem Werk besonders gewidmet hat, das

Im Begleitschreiben zur Überreichung des *Kyrie und Gloria der h-moll-Messe* an den Dresdner Hof bittet Bach um einen Titel bei der Hofkapelle.

Sanctus (ohne Benedictus und Osanna) sich als eine Schöpfung bereits des Jahres 1724 erwiesen hat und am ersten Weihnachtstage dieses Jahres aufgeführt worden ist. Auf der ersten Notenseite der autographen Partitur dieses Stückes, also in Bachs Handexemplar, findet sich der von Bach persönlich geschriebene Vermerk: »NB die Parteyen sind in Böhmen bei Graf Sporck« (*Bach-Dokumente III*, Supplement zu NBA, Kassel 1972, Seite 638; es ist bisher nicht bekannt, wie des Grafen Sporck, der im böhmischen Lissa wohnte, Verbindung zu Bach zustande gekommen ist). Die bei der Aufführung gebrauchten Stimmen (»Parteyen«) wurden also bald nach Weihnachten 1724 ausgeliehen, sind aber anscheinend von Graf Sporck nie zurückgegeben worden. Als wahrscheinlich Ostern 1727, jedenfalls um die betreffende Zeit, das Sanctus erneut aufgeführt wurde, mußten neue Stimmen angefertigt werden; nur ein paar nicht mitausgeliehene Zweitstimmen standen von 1724 her noch zur Verfügung. Wie ist es zu dieser früheren Datierung des Sanctus gekommen? Untersuchungen sowohl der verwendeten Papiersorten wie auch der auftretenden Schriftzüge haben bei der Beschäftigung mit dem gesamten Bestand originaler Manuskripte Bachscher Werke, von denen ein Teil datiert ist, zu dem allgemeinen Ergebnis geführt, daß bestimmte Papiersorten nur in bestimmten Jahren auftauchen und daß erkennbare Schriftzüge verschiedener Schreiber, d. h. der Kopisten, die Bach bei der Herstellung von Aufführungsmaterial halfen, sich für bestimmte Jahre ausmachen lassen. Und nicht zuletzt läßt sich der Wandel von Bachs eigener Handschrift vom schwungvollen Duktus früherer Jahre zu allmählich steifer werdender Schreibweise verfolgen. Die bei dieser Arbeitsmethode gewonnenen Erfahrungen und Erkenntnisse sind so weitgehend, daß nahezu ein Höchstmaß von Zuverlässigkeit der Ergebnisse erreicht ist.

Auf diese Weise ist nun auch ermittelt worden, daß die übrigen Teile der Messe nicht zwischen 1733 und 1738—39, sondern im Unterschied zum Sanctus nicht früher, sondern umgekehrt wesentlich später, und zwar wahrscheinlich erst um 1748, in Bachs letzten Lebensjahren, entstanden sind. In dieser Zeit hat Bach dann auch die ganze Messe in einem handschriftlichen Band vereinigt und zwar folgendermaßen: Als ersten Teil übernahm er die 95 Seiten umfassende, 1733 geschriebene Partitur des Kyrie und Gloria, die er lediglich mit einem neuen Umschlag versah. Auf dieser Titelseite bezeichnete er den Inhalt als »Missa« und fügte außer den Besetzungsangaben eine »Nr. 1« hinzu. Als seinerzeit selbständig entstandenes Werk steht über dem Anfang des Kyrie »J.J.« (Jesu, Juva = Jesu, hilf) und unter der letzten Seite des Gloria »Fine DGl.« (Deo Gloria = Gott die Ehre). In einem zweiten, 92 Seiten umfassenden, also fast genau so umfangreichen Halbband vereinigte er folgendermaßen die übrigen Teile: Auf Seite 96 bis 152 trug er das mit Gewißheit damals erst entstandene »Symbolum Nicenum«, also das Credo, mit entsprechender Titelseite und dem Vermerk: »Nr. 2« ein. Über der ersten Notenseite steht »J. J.« (= Jesu, Juva); jedoch am Ende findet sich kein entsprechendes Signum. Auf den anschließenden Seiten folgt eine überarbeitete Abschrift des 1724 komponierten Sanctus (ohne Signum am Anfang und Schluß), die Bach ebenfalls mit einem besonderen Titel und der Nummer 3 versah, und schließlich stehen auf den letzten Seiten als Nr. 4: »Osanna, Benedictus, Agnus Dei et Dona nobis pacem«. Über dem Anfang des Osanna steht, etwas inkonsequent, »J. J.« und am Ende des gesamten Werkes besonders deutlich »DSGl« (Deo soli Gloria). Zuletzt wurden beide Teilbände in einen zusammengebunden, ohne daß Bach einen Gesamttitel an den Anfang stellte. Wenn wir dazu bedenken, daß die durchgehende Seitenzählung des vollständigen Bandes nur bei »Nr. 1« auf Bach selbst zurückgeht und bei den übrigen Teilen später ergänzt worden ist, erscheint die Frage tatsächlich berechtigt, ob es sich überhaupt um ein geschlossenes Werk handelt. Andererseits verbietet die Durchnumerierung der vier Teile eine vorschnelle Verneinung dieser Frage. Deren Beantwortung wird freilich noch dadurch erschwert, daß es keine Nachrichten über eine Aufführung der h-moll-Messe zu Bachs Zeiten gibt; ja nicht einmal für ihre einzelnen Teile steht dies fest, mit Ausnahme des Sanctus, das außer 1724 und 1727 in Bachs letzten Lebensjahren noch einmal aufgeführt wurde. Besteht für eine Aufführung von Kyrie und Gloria noch eine gewisse Wahrscheinlichkeit, so gibt es doch bei den übrigen Stücken bisher kaum irgendwelche Anhaltspunkte. Vor allem ist, abgesehen von den erwähnten Stimmen des Sanctus und den in Dresden überreichten der Missa, nichts über weiteres originales Aufführungsmaterial bekannt; es muß daher tatsächlich damit gerechnet werden, daß die h-moll-Messe von Bach niemals vollständig aufgeführt worden ist. Wofür könnte er aber dann dieses Werk geschaffen haben, wo doch zu seiner Zeit derartige Kompositionen immer zweckbestimmt waren? Auch die Frage nach der gottesdienstlichen Verwendbarkeit gehört in diesen Zusammenhang. Bot der lutherische Gottesdienst zu Bachs Zeit überhaupt Raum für eine »Missa tota«, zumal für eine so überdimensionierte wie die h-moll-Messe? Ist diese vielleicht von Bach sogar für ein katholisches Hochamt bestimmt gewesen, etwa für jenes, das anläßlich der Krönung Friedrich Augusts II. zum König von Polen im Winter 1733/1734 in Krakau gefeiert werden sollte? Diesen Gedanken hat immerhin ein so bedeutender Forscher wie Arnold Schering zur Erörterung gestellt. Aber es gibt auch für eine solche Annahme keinerlei Anhaltspunkte; sie wäre ohnehin durch die inzwischen ermittelten Entstehungszeiten der einzelnen Teile des Werkes gegenstandslos geworden, und auch der an zwei Stellen vom katholischen Wortlaut der Messe abweichende, wohl aber der lutherischen Liturgie entsprechende Text der h-moll-Messe spricht gegen deren Bestimmung für ein katholisches Hochamt. Im Gloria ist gemäß der lutherischen Fassung nach »Domine, fili unigenite, Jesu Christe« der Anruf »altissime« eingefügt, und im Sanctus lautet der Text in der h-moll-Messe wie in Jesaia 6,3 »gloria ejus« statt der Gebetsform »gloria tua« in der katholischen Messe. Dies entspricht dem in der lutherischen Liturgie üblichen Wortlaut »Himmel und Erde sind seiner Ehre voll«. In dem an Festtagen gebrauchten lateinischen Sanctus hieß es allerdings auch nach der lutherischen Form »gloria tua« (siehe dazu Seite 91). Welchen Sinn aber könnte Bach mit der h-moll-Messe verbunden haben, wenn er womöglich gar nicht an eine Aufführung des erst gegen Ende seines Lebens vollendeten Werkes gedacht hat? Oder hat er vielleicht damals infolge seines Alters daran nicht mehr denken können, auch wenn er es gewollt hätte? Hier bleiben manche Fragen offen, die – mindestens vorerst – sich von Bachs äußeren Lebensumständen her nicht beantworten lassen. Um so wichtiger und unerläßlicher scheint die Werkbetrachtung, die hier allein weiterzuhelfen und Aufschluß über den letzten Sinn der h-moll-Messe zu geben vermag. Das aber verdient festgehalten zu werden: Über der Entstehungsgeschichte eines der größten Werke der musikalischen Weltliteratur liegt ein geheimnisvolles Dunkel.

Das Schicksal der autographen Partitur der h-moll-Messe.
Erstdruck und früheste Aufführungen

Nach Bachs Tod gelangte das Autograph der h-moll-Messe in den Besitz seines Sohnes Carl Philipp Emanuel, der damals Cembalist am Hofe Friedrichs des Großen in Berlin war. Im Jahre 1767 nahm es dieser mit nach Hamburg, nachdem er dort Stadtkantor geworden war. Als solcher führte er 1786 in einem »Conzert für das medizinische Armeninstitut« neben eigenen Kompositionen und dem »Halleluja« sowie der Arie »Ich weiß, daß mein Erlöser lebt« aus Händels *Messias* das Credo der h-moll-Messe auf. Dafür revidierte er das Autograph, stellte — erhalten gebliebenes — Aufführungsmaterial her und komponierte dazu einen einleitenden kurzen Instrumentalsatz, offenbar weil er empfand, daß das Credo sonst allzusehr aus einem großen Zusammenhang herausgelöst erscheinen könnte. (Dieser Zusatz spricht also dafür, daß Carl Philipp Emanuel die h-moll-Messe als ein geschlossenes Werk angesehen hat.) Wahrscheinlich war dies die erste Aufführung wenigstens eines Teils des Werkes nach Bachs Tod. Ihre Bedeutung werden wir hoch einschätzen müssen. Denn wenn zwar in der Zwischenzeit ein paar Abschriften der h-moll-Messe erfolgt waren, so wurde doch jetzt erst aller Wahrscheinlichkeit nach zum ersten Mal ein Teil des Werkes an die Öffentlichkeit gebracht. Der große Eindruck blieb nicht aus: In der *Staats- und Gelehrtenzeitung des hamburgisch unparteyischen Correspondenten* vom 11. 4. 1786 stand damals »... welches eines der vortrefflichsten musikalischen Stücke ist, die je gehört worden«, und wenige Jahre später bezeichnete der Professor am Hamburger Johanneum Christoph Daniel Ebeling das Credo als »das Meisterstück dieses größten aller Harmonisten« (*Bach-Dokumente III*, Seite 420 f. und 454).

Nach Carl Philipp Emanuels Tod (1788) wurde das Autograph mit in das umfangreiche Nachlaßverzeichnis mit der überraschenden Bezeichnung »die große catholische Messe bestehend in ...« (es folgt die Angabe der einzelnen Nummern und Besetzungen mit dem jeweiligen Vermerk »eigenhändige Partitur«) aufgenommen. Man muß sich fragen, wie es zu der Bezeichnung »große catholische Messe« gekommen ist. Ist sie gedankenlos gewählt worden, so daß man hinter ihr nichts besonderes zu vermuten hat, oder wirkt hier vielleicht eine mündliche Überlieferung der Bachschen Familie, über die wir sonst nichts wissen, nach? Die Fragen lassen sich vorerst nicht beantworten. Carl Philipp Emanuels Nachlaß-Verzeichnis erschien, da es Verkaufszwecken dienen sollte, 1799 im Druck; jedoch die h-moll-Messe fand zunächst keinen Liebhaber. Nach dem Tode sowohl von C. Ph. Emanuels Witwe wie auch seiner einzigen Tochter wurden die bis dahin übrig gebliebenen Reste der Hinterlassenschaft, darunter die h-moll-Messe, in einem weiteren Druck für einen öffentlichen Verkauf in Hamburg, der auf den 5. März 1805 angesetzt wurde, erneut angeboten. Erst jetzt fand sich durch Vermittlung von C. Ph. Emanuels Hamburger Nachfolger, Christian F. E. Schwencke, in dem bekannten Schweizer Musikschriftsteller, Verleger wie auch Komponisten Hans Georg Nägeli ein Käufer, und so gelangte das Autograph damals von Hamburg nach Zürich.

Bevor wir das Schicksal der Handschrift weiter verfolgen, lenken wir unseren Blick auf die Berliner Singakademie und deren Leiter Carl Friedrich Zelter, der im Herbst 1811 mit der Einstudierung des Kyrie und wenig später des Credo der h-moll-Messe begann. Dazu war er in der Lage, da es in Berlin von C. Ph. Emanuels Zeit her mehrere Abschriften des Werkes gab. Am 13. Dezember 1811 schrieb er an den damals noch in Hamburg ansässigen Musikbibliothekar Georg Pölchau von unserem Werk, daß dieses »wahrscheinlich das größte musikalische Kunstwerk ist, das die Welt gesehen hat«. Bis zum Herbst 1812 nahm Zelter nach und nach die ganze Messe durch, so daß die Berliner Singakademie sie aller Wahrscheinlichkeit nach als erster Chor vollständig gesungen hat, allerdings nicht in der Öffentlichkeit; dafür erschien das Werk zu schwierig, als daß man es zu dieser Zeit schon hätte wagen können. (In jenen Jahren beschäftigte sich übrigens auch Raphael Georg Kiesewetter in Wien damit, der 1816 Kyrie und Gloria in seinen Hauskonzerten aufführte.) In Berlin ruhte die Arbeit an der Messe zunächst wieder, bis sich Zelters Nachfolger Carl Friedrich Rungenhagen einundzwanzig Jahre später, im November 1833, erneut an das Werk wagte, und tatsächlich gelangten am 20. Februar 1834 nunmehr die Missa und das Credo zu einer öffentlichen Wiedergabe. Allerdings hatten bereits im April 1828 der damals preußische Hofkapellmeister Gasparo Spontini das Credo in Berlin (im Anschluß an Kyrie und Gloria der *Missa solemnis*) und Ende 1830 Johann Nepomuk Schelble das Gloria in Frankfurt mit dem dortigen Cäcilienverein aufgeführt. Die übrigen Stücke ließ Rungenhagen am 12. Februar 1835, also fast auf den Tag ein Jahr später, folgen. So fand denn die erste Gesamtwiedergabe der h-moll-Messe ziemlich genau hundert Jahre nach der Entstehung der Missa statt. Wir Heutigen können aber kaum noch die Widerstände begreifen, die es zu überwinden galt, um dieses »schwierigste aller bekannten Werke« zu bewältigen. Dabei hatte Rungenhagen die Chöre »Qui tollis peccata mundi« und »Et incarnatus est« zur Entlastung des Chores solistisch besetzt. Es hat auch an Widersprüchen aus den Reihen der Chormitglieder und sogar an Austritten nicht gefehlt, so daß zuletzt »nur noch« (!) 160 Mitwirkende übrig blieben. (Bei der ersten Aufführung der Matthäuspassion im Jahre 1829 war der Chor etwa doppelt so stark gewesen.) Wen will es wundern, daß nun noch einmal weitere zwanzig Jahre bis zu einem neuen Anlauf und zu einer weiteren Aufführung des Werkes vergehen sollten?

In der Zwischenzeit hatte sich Nägeli auf seine Weise mit der h-moll-Messe beschäftigt. Schon bald nach dem Erwerb des Autographs faßte er als erster den Plan, das vollständige Werk zu drucken. Allerdings hatte schon im Jahre 1816 Samuel Wesley in London versucht, das Credo zu publizieren, jedoch ohne Erfolg. Erst im Jahre 1818 konnte Nägeli, nachdem er als Verleger selbständig geworden war, an die Verwirklichung seines Planes gehen. Im Januar dieses Jahres kündigte er in der »Leipziger Allgemeinen musikalischen Zeitung« das Erscheinen des »größten musikalischen Kunstwerks aller Zeiten und Völker« an. Jedoch der vorgesehene Erscheinungstermin ließ sich nicht einhalten, da sich nicht genügend Subskribenten gefunden hatten. So blieb auch in Zürich die Herstellung des Druckes mehr oder weniger liegen; bis 1827 war erst etwa die Hälfte des Werkes gestochen. 1828 wagte Nägeli es von neuem, den Stich nunmehr zum baldigen Abschluß zu bringen; dabei unterstützte ihn A. B. Marx, der damalige Professor für Musik an der Universität Berlin und Freund Mendelssohns, mit einem Subskriptionsaufruf in der »Berliner Allgemeinen Musikalischen Zeitung«. Doch der Erfolg war auch jetzt wieder so gering, daß die Veröffentlichung weiter hinausgeschoben werden mußte. 1832 drohte Gefahr für das gesamte Unternehmen, als der Verlag H. Simrock in Bonn eine Ausgabe von Partitur und Chorstimmen sowie eines Klavierauszugs der h-moll-Messe zu einem Zeitpunkt ankündigte, als der Klavierauszug bereits fertiggestellt war. Dahinter verbarg sich als treibende Kraft Adolf Bernhard Marx, der seinerseits mit Georg Pölchau in Verbindung stand. Pölchau lebte seit 1813 in Berlin und war nicht nur im Besitz von Bachs Autograph der ersten Niederschrift des Sanctus und der dazu gehörigen Stimmen, sondern auch von Carl Philipp Emanuels Aufführungsmaterial des Credo und schließlich sogar von Abschriften des vollständigen Werkes, die er in Berlin erworben hatte. Nägeli konnte — nicht zuletzt durch den nachdrücklichen Hinweis darauf, daß er das Autograph der h-moll-Messe besitze — tatsächlich erreichen, daß bei Simrock lediglich die Chorstimmen und der Klavierauszug erscheinen sollten, bei ihm selbst indes die Partitur; in allen Ausgaben sollten zudem beide Verleger als Herausgeber genannt werden. Tatsächlich erschien nunmehr in Zürich 1833 als erste Hälfte der Partitur die Missa mit dem Titel: »Messe von Joh. Seb. Bach nach dem Autographum gestochen ...«. Gleichzeitig wurde die zweite Hälfte für die Ostermesse 1834 in Aussicht gestellt, aber der Termin wurde nicht eingehalten. 1836 starb Nägeli, ohne die Vollendung seines Planes erlebt zu haben, um das er sich mehr als zwei Jahrzehnte bemüht hatte. Sein Sohn Hermann übernahm als Verlagserbe auch dieses Vorhaben; aber erst 1845 gelangte es zum Ziel. Wie es schließlich dazu kam, ist in den Einzelheiten bis heute nicht völlig geklärt. Fest steht jedoch, daß das Werk damals in Bonn und offenbar nur dort gedruckt worden ist. (G. Walter meint, daß man die Züricher Platten dort verwendet habe; Smend nimmt dagegen die Herstellung neuer Platten an.) Die Ausgabe trug folgenden Titel: »Die Hohe Messe in H-moll von Joh. Seb. Bach nach dem Autographum gestochen ..., Bonn bei M. Simrock/Zürich bei H. G. Nägeli«. Hier erst erscheint zum erstenmal die danach allgemein verbreitete und bis heute gebräuchliche Bezeichnung »Hohe Messe«, die offensichtlich den Geist der Romantik atmet und fraglos Ebenbürtigkeit neben Beethovens »Missa solemnis« bezeichnen sollte (»Hohe« war nichts anderes als eine Übersetzung von »solemnis«).

Besaß mit dieser, »nach dem Autographum gestochenen« Erstausgabe der h-moll-Messe die Öffentlichkeit nunmehr einen authentischen Text dieses »größten musikalischen Kunstwerks aller Zeiten und Völker«? Hatte der lange und mühsame Weg bis zum fertigen Druck knapp hundert Jahre nach Bachs Tod wirklich zum Ziel geführt? Smend hat nachgewiesen, daß dies nur bedingt der Fall gewesen ist; denn Nägeli hat aus begreiflichen Gründen den Notenstechern nicht das Autograph als Vorlage in die Hand gegeben, sondern eine auf eine nachbachische Kopie zurückgehende Abschrift. Bei der Korrektur aber, die Nägeli zwar an Hand des Autographs vornahm, blieben mancherlei Abweichungen der Abschrift vom Original unberücksichtigt.

Im Jahre 1850 wurde anläßlich von Bachs 100. Todestag die »Deutsche Bach-Gesellschaft« mit dem Zweck der Herausgabe einer Gesamtausgabe seiner Werke gegründet. Es besagt einiges über die bereits damalige Geltung der h-moll-Messe, daß sie für den ersten Band vorgesehen wurde. Dafür aber benötigten die Herausgeber das Autograph; denn die Gesamtausgabe sollte nur auf der Grundlage von Originalen hergestellt werden. Nun aber ergab es sich, daß Hermann Nägeli nicht einmal zu einer leihweisen und vergüteten Herausgabe des Autographs bereit war; es war dies für ihn eine reine Prestigesache. Tatsächlich mußte der Plan, die Bachausgabe mit der h-moll-Messe zu beginnen, fallen gelassen werden. Man gab freilich die Hoffnung nicht auf, doch noch irgendwie an das Autograph heranzukommen. 1853 wurde im Auftrag von König Georg V. von Hannover durch den Kapellmeister Arnold Wehner ein Versuch des Ankaufs unternommen. Er scheiterte an der Höhe der von Nägeli geforderten Summe von 300 Talern. Als sich einige Jahre später die Nachricht verbreitete, das Autograph sei an einen Unbekannten verkauft worden, entschloß man sich, die h-moll-Messe in der Gesamtausgabe ohne dessen Benutzung herauszugeben; sie erschien 1856 als Band VI, redigiert von dem Leipziger Kapellmeister Julius Rietz. Wen will es wundern, daß diese Ausgabe noch weit unbefriedigender war als die von Vater und Sohn Nägeli? Doch nun stellte sich heraus, daß Hermann Nägeli das Autograph gar nicht veräußert, sondern einem Freund zur Verwahrung übergeben hatte. Bald jedoch sah er sich tatsächlich aus wirtschaftlichen Gründen zu einem Verkauf genötigt. Nach mancherlei Angeboten gelangte die Handschrift schließlich durch den genannten Arnold Wehner zwar nicht in die Hände des

Königs von Hannover, sondern in die des Händelbiographen Friedrich Chrysander in Hamburg, der sie für die Bach-Gesellschaft erwarb. Was blieb dieser anderes übrig, als unverzüglich durch Julius Rietz nochmals eine redigierte Fassung der h-moll-Messe zu besorgen, die dann bereits im Spätjahr 1857 als Band VIa ausgeliefert wurde? War nun aller Schaden behoben, d. h. ein wirklich authentischer Notentext des Werkes hergestellt? Wer dies annehmen möchte, unterschätzt die Schwierigkeiten einer solchen Aufgabe, bei der ja Partitur und Stimmen, soweit welche vorhanden sind, in Übereinstimmung gebracht werden müssen; denn die Stimmen geben als Aufführungsmaterial oft allein Auskunft über Dynamik, Phrasierung, womöglich Besetzung usw., während in der Partitur, dem Handexemplar des Komponisten, gewisse Dinge u. U. nur skizzenhaft erscheinen. Vor allem aber hatte Rietz Carl Philipp Emanuels Eintragungen beim Gebrauch des Autographs im Jahre 1786 noch nicht als solche erkannt, und man muß heute einräumen, daß er diese zu dem damaligen Zeitpunkt mangels hinreichender Erfahrung mit Handschriften auch kaum hätte erkennen können. Selbstverständlich fußten für nahezu ein Jahrhundert alle Aufführungen der h-moll-Messe nunmehr auf dieser Ausgabe. Das Werk aber hielt nach und nach seinen Einzug in das Repertoire aller großen Oratorien-Chöre. Im Jahre 1859 brachte der Riedel-Verein in Leipzig unter Leitung von Kurt Riedel eine denkwürdige Aufführung, bei der allerdings der Text in deutscher Übersetzung gesungen wurde. Allein die Berliner Singakademie hat die h-moll-Messe bis Anfang des Zweiten Weltkrieges 47 mal aufgeführt.

Das Autograph aber verkaufte die Bach-Gesellschaft nach Fertigstellung des Bandes VIa der Gesamtausgabe noch im Jahre 1857 weiter an die Kgl. Preußische Bibliothek in Berlin, die spätere Preußische Staatsbibliothek. Seine Sicherstellung während des Zweiten Weltkriegs — es wurde damals zunächst in das Kloster Beuron a. d. Donau und später in die Universitätsbibliothek Tübingen ausgelagert und so über schwere Zeit hinweg erhalten — erscheint nach dem früheren wechselvollen Schicksal der kostbaren Handschrift als eine besondere Bewahrung. Von Tübingen wurde das Autograph vor ein paar Jahren in die Staatsbibliothek Preußischer Kulturbesitz, Berlin-Dahlem, zurückgebracht, wo sich auch die autographen Stimmen zum Sanctus befinden.

Im Jahre 1951 wurde durch die Einrichtung des Johann-Sebastian-Bach-Instituts Göttingen und des Bach-Archivs Leipzig die Voraussetzung für die *Neue Ausgabe sämtlicher Werke Bachs* (*Neue Bach-Ausgabe* = NBA) geschaffen, und wieder war es die h-moll-Messe, mit der diese begonnen werden sollte und mit Friedrich Smend als Herausgeber auch tatsächlich begonnen wurde. 1954 erschien der Notenband und zwei Jahre später der 400 Seiten umfassende *Kritische Bericht*. Vor allem der letztere ist eine bewundernswerte Leistung und gibt Zeugnis von umfassender Quellenforschung und überaus gründlichem Studium der Entstehung und Überlieferung des Werkes mit zahllosen hochinteressanten einzelnen Ermittlungen. Aber wie lautet das (eingangs schon erwähnte) Gesamtergebnis? Es gibt keine h-moll-Messe, sondern nur eine viel später erfolgte Aneinanderreihung verschiedener einzelner Kompositionen zu einer » sogenannten h-moll-Messe «. Eine wahrhaft erregende Quintessenz aus einer erstaunlichen Gelehrtenarbeit! Jedoch nur ein Jahr nach der Veröffentlichung von Smends » Kritischem Bericht « erschienen Alfred Dürrs Abhandlung zur *Chronologie der Leipziger Vokalwerke Joh. Seb. Bachs* und im darauffolgenden Jahre Georg von Dadelsens *Beiträge zur Chronologie der Werke Joh. Seb. Bachs*, denen sich 1959 eine umfangreiche Rezension von *Friedrich Smends Ausgabe der h-moll-Messe von Joh. Seb. Bach* durch von Dadelsen anschloß. Soll man es als tragisches Mißgeschick eines Forschers von hohem Rang bezeichnen, daß unmittelbar nach Vollendung einer großen wissenschaftlichen Leistung sich deren Ergebnisse infolge der Anwendung neuer Forschungsmethoden zu einem wesentlichen Teil als nicht haltbar erwiesen haben? Man müßte dies wohl, wenn nicht Smends Versuch, » anhand eines einzigen Werkes in die Fülle der Bach-Problemata einzuführen, bisher ohne Vergleich wäre « (von Dadelsen). So bleiben Smends Verdienste um die h-moll-Messe unbestritten, auch wenn die Bach-Forschung vor der Frage steht, ob nicht früher oder später zu dem Band II/1 der NBA ein — nicht zuletzt auch für die Praxis wichtiger — Band II/1a und dazu eine teilweise Neubearbeitung des *Kritischen Berichtes* erscheinen müssen.

Missa tota et concertata.
Zum Gesamtcharakter des Werkes

Die h-moll-Messe ist eine Ordinarium-Messe, der die fünf gottesdienstlichen Stücke des Chores bezw. der Gemeinde mit stets gleichbleibendem Wortlaut zugrunde liegen. Es sind dies Kyrie, Gloria, Credo, Sanctus mit Osanna und Benedictus sowie Agnus Dei; sie bilden das »Ordinarium Missae« im Unterschied zum »Proprium Missae«, das die in der Ordnung des Kirchenjahres wechselnden Chor- bezw. Gemeindestücke umfaßt. Eine vollständige Ordinarium-Messe, neben der die Proprium-Messe in der Geschichte der mehrstimmigen Musik eine weit geringere Bedeutung hat, wird auch als »Missa tota« bezeichnet, dies im Unterschied zur lediglich Kyrie und Gloria umfassenden »Missa brevis«. Vor allem haben in der Geschichte der evangelischen Kirchenmusik die Kurzmessen eine weit größere Bedeutung als die vollständigen, so daß hier mit der Zeit der Begriff »Missa« gleichbedeutend mit »Missa brevis« wurde, wie es das Titelblatt des ersten Teils der h-moll-Messe zeigt. Bach hat keine der von ihm komponierten Kurzmessen (BWV 233—236) »Missa brevis« genannt; wie er die h-moll-Messe bezeichnet hätte, wenn er ihr als einziger »Missa tota« unter seinen Kompositionen einen Gesamttitel gegeben hätte, ist eine offene Frage. Selbstverständlich stammt auch der Titel »h-moll-Messe« nicht von ihm; auf keinem der Titelblätter findet sich eine Tonartenangabe.

Nun aber besteht das Autograph der h-moll-Messe nicht aus fünf, sondern, wie erwähnt, aus vier Teilen: Den ersten bilden Kyrie und Gloria, den zweiten das Credo, den dritten das Sanctus und den vierten die letzten Stücke von Osanna bis Dona nobis pacem. Merkwürdig an dieser Einteilung ist nicht die Zusammenfassung von Kyrie und Gloria in einem Teil, sondern die Abtrennung des Osanna und des Benedictus vom Sanctus; denn beide liturgischen Texte (Matth. 21, 9) gehören von altersher zum Wortlaut des Sanctus, das sie als alttestamentliches Wort (Jesaja 6, 3) in neutestamentliches Licht rücken. Sie fielen im altlutherischen Gottesdienst zwar in der Regel fort; nirgends jedoch ist bezeugt, daß sie losgelöst vom Sanctus während der Austeilung des Abendmahls gesungen wurden (so nämlich hat sich Philipp Spitta die Verwendung des letzten

Teils der h-moll-Messe vorgestellt, worin ihm Friedrich Smend gefolgt ist). Auch hätten Osanna und Benedictus dann nach dem Agnus Dei, falls dies überhaupt gesungen wurde, stehen müssen; denn das Agnus Dei wurde gegebenenfalls zu Beginn der Kommunion angestimmt. Wie aber erklärt sich Bachs merkwürdige Einteilung der h-moll-Messe nun in Wirklichkeit? Doch wohl ganz einfach aus der eigentümlichen Entstehungsgeschichte des Werkes: für das 1724 komponierte Sanctus brauchte Bach nur eine Abschrift bei der Fertigstellung des gesamten Werkes vorzunehmen, das Credo und die restlichen letzten Stücke aber mußten dafür erst noch geschaffen werden und wurden dann als zwei weitere Teile mit den beiden älteren zu einem Gesamtwerk vereint. In liturgischer Hinsicht hat diese gewiß eigentümliche, aber eben aus dem Werdeprozeß des Werkes sich leicht erklärende Einteilung nichts zu besagen. Vielmehr wird sich an gegebener Stelle zeigen, daß das Osanna musikalisch unmittelbar mit dem Sanctus verknüpft ist. So ist die h-moll-Messe trotz ihrer im Autograph vom Üblichen abweichenden Gliederung eine reguläre »Missa tota«, und es bleibt nur die später zu beantwortende Frage, was Bach gegen Ende seines Lebens veranlaßt hat, noch ein solches, im Bereich seines Schaffens einmaliges Werk zu vollenden.

Zum anderen ist die h-moll-Messe eine »Missa concertata«, d. h. eine musizierte Messe. Mit dieser formalen Gestaltung hat Bach nicht etwas Besonderes unternommen, sondern sich, wie auch bei seinen Kurzmessen, dem Brauch seiner Zeit angeschlossen; denn wie im Laufe des 17. Jahrhunderts auf die A-cappella-Motette als gottesdienstliche Hauptmusik zunächst das geistliche Konzert und schließlich die Kantate und wie auf die unbegleitete Passionshistorie zuerst die Generalbaß-Passion und dann die oratorische Passion gefolgt sind, so wurde im Zuge einer allgemeinen Entwicklung auch die A-cappella-Messe allmählich durch die »Missa concertata« abgelöst, und gerade Bach hatte nicht nur in der — allerdings weniger ausgeprägten — innerprotestantischen Tradition, sondern mehr noch durch seine Beziehungen zur katholischen Hofmusik in Dresden reichlich Gelegenheit, konzertierende Messen von Meistern wie Giovanni Battista Bassani, Joh. Adolf Hasse, Joh. David Heinichen, Antonio Lotti, Jan Dismas Zelenka u. a. kennenzulernen, und mancherlei Abschriften und Bearbeitungen verschiedener derartiger Werke bezeugen sein Interesse an ihnen. Nicht also in der Gestalt der h-moll-Messe als »Missa concertata« als solcher liegt deren Besonderheit, sondern erst in der Gliederung und Anordnung der Sätze innerhalb der Teile zu einem jeweils sinnvollen Aufbau und schließlich in der musikalischen Einzelgestaltung. Gehen wir dem allem nach, gewinnen wir allerdings den Eindruck, daß Bach mit seiner einzigen »Missa tota« tatsächlich Außerordentliches beabsichtigt hat; denn jedes Mosaiksteinchen in dem kunstvollen Gebäude hat etwas zu bedeuten.

Um dieses für möglich zu halten, bedarf es freilich zuvor einer Antwort auf die Frage nach der Aufgabe der Instrumente in einer »Missa concertata«. Dienen diese lediglich der barocken Prachtentfaltung und dem klanglichen Prunk? Nur für Bach kann hier eine Antwort gegeben werden; für ihn aber lautet sie: Die Instrumente haben eine eigene Aussagemöglichkeit und tragen zur Sinngebung des Werkes bei. Werfen wir einen Blick zurück auf Heinrich Schütz! In dessen *Geistlichen Konzerten* sprechen die Instrumente keine eigene Sprache, sondern die der Vokalstimmen, es sei denn, sie treten in kurzen Intermezzi als reine Spielmusik in gliedernder Funktion auf. Man vergleiche als Beispiel für beide Möglichkeiten das geistliche Konzert *Ich werde nicht sterben* aus den *Symphoniae sacrae II* (1647). Nach dem Zeitalter von Schütz verselbständigte sich jedoch die Instrumentalmusik immer mehr und zwar sowohl zu hochentwickelter stilisierter Spielmusik, wie auch zum eigenständigen, aussagemächtigen Sinnträger. Allein schon an der Möglichkeit, daß Instrumentalmusik sich nun an musikalische Redefiguren zu binden vermag, wie es sich bei Bachschen Orgelchorälen besonders deutlich erweist, zeigt sich der Gang der Entwicklung. Nun aber kann das Umgekehrte wie bei Schütz geschehen, daß nämlich der Instrumentalstil den Vokalstil beeinflußt oder gar beherrscht, — so etwa wenn Bach, wie es in der h-moll-Messe vorkommt, die Form des Concerto grosso für Chorsätze verwendet.

Diese völlig andersartige musikgeschichtliche Situation des frühen und mittleren 18. Jahrhunderts schließt im Bereich von Kantate, Oratorium und Messe zwei Möglichkeiten für die Funktion der Instrumente ein: Entweder wirken Vokal- und Instrumentalstimmen zusammen, wobei die letzteren durchaus die Oberhand haben können, oder aber beide gehen getrennte Wege, auf denen die Instrumente auf ihre Weise das aussprechen, wovon die Singstimmen ausdrücklich reden. Bach betreibt nicht nur mit den Vokalstimmen Textinterpretation, sondern oft genug auch mit den Instrumentalstimmen eigenständige »mitkomponierte Auslegung« (Ludwig Doormann). Wir werden bei der folgenden Werkbetrachtung ständig auf beide Möglichkeiten zu achten haben.

Mit der Eigenständigkeit des Instrumentalen hängt es auch zusammen, wenn wir in der h-moll-Messe damit rechnen müssen, daß im formalen Bereich u. U. alles etwas zu besagen hat: Besetzung (Stimmenzahl und Wahl der Instrumente), Tonart, womöglich die Zahl der Töne bei einem Thema, ferner Taktzahl und -art, Satzbau, Satzanordnung usw. Die Verselbständigung der musikalischen Formenwelt schließt jedoch kein verabsolutiertes Musikverständnis ein, sondern versteht sich als vorgegebene Ordnung der göttlichen Schöpfung. Damit aber weist alle Musik über sich selbst hinaus und wird zum selbstverständlichen oder bei bestimmten Textbezügen auch zum ausdrücklichen Symbol. Da aber für Bach jegliche Musik auf jene vorgegebene Ordnung bezogen sein muß, falls sie nicht zum »teuflischen Geplärr« werden soll, erscheint in ihr symbolische Verschlüsselung von biblischer Wahrheit, wo immer sie vorkommt, nicht als Fremdkörper. Sie bedeutet nicht Gefährdung der musikalischen Schönheit, sondern trägt vielmehr zu ihrer Begründung bei. Auch das von Bach so häufig und auch in der h-moll-Messe verschiedentlich angewandte Parodieverfahren, d. h. die Inanspruchnahme und Wiederverwendung meist älterer eigener, gelegentlich aber auch fremder Werke, ordnet sich in dieses Musikverständnis sinnvoll ein.

Der Charakter der Einmaligkeit, den die h-moll-Messe als »Missa tota et concertata« im Rahmen von Bachs Schaffen hat, soll offenbar eine mit diesem Werk verbundene außerordentliche Absicht bezeugen und erklärt zugleich eine besonders konzentrierte Anwendung überpersönlicher musikalischer Symbolik. Kantate und Oratorium sind bei ihrer Verquickung von Bibelwort und Kirchenlied mit Meditationstexten und Andachtslyrik stark auf das individuelle Glaubensleben bezogen. Subjektivistische Ausdruckshaftigkeit nimmt dort einen breiten Raum ein. Demgegenüber erscheint der altehrwürdige liturgische Wortlaut des Ordinarium Missae in der h-moll-Messe wie ein die Zeiten überdauerndes Mahnmal, das in Bachs Werk in erhabener Größe vor dem Hörer aufgerichtet wird.

Die Missa:
Das Kyrie

Kyrie eleison I

Den Text des Kyrie gliedert Bach traditionsgemäß in die drei Rufe Kyrie eleison — Christe eleison — Kyrie eleison, und auch bei der Folge Chor—Duett—Chor hat er sich einem nachweisbaren Vorbild angeschlossen, nämlich einer Messe des Kurpfälzischen Hofkapellmeisters Johann Hugo von Wilderer (1670—1724), von der er sich, wahrscheinlich in Dresden um 1730, eine Abschrift angefertigt hatte. Damit jedoch nicht genug: auch Wilderers Messe beginnt wie Bachs Komposition mit einem breiten, kompakten, nur wenige Takte umfassenden und auf einem phrygischen Schluß endenden Tutti, bevor eine Fuge einsetzt. Schließlich stimmen auch die auf einem Ton gestoßenen ersten Silben »Ky-ri-e, e-« des Fugenthemas bei beiden Meistern überein. Doch erkennt man schnell, daß Bach hier nicht mehr als eine äußere Anregung aufgegriffen hat. Die ungeheure Weite der Gesamtanlage des ersten Chores der h-moll-Messe, die außerordentliche Intensität, mit der die Spannung des ausgedehnten Satzes durchgehalten wird, sowie die im Vergleich zu Wilderers Komposition viel dringlichere Themengestaltung lassen das Vorbild weit hinter sich. Verfolgen wir den Satz im einzelnen!

In der Stimmführung des Sopran I im Eingangstutti, das Bach in den in Dresden überreichten Stimmen mit »Adagio« überschrieben hat, liegt möglicherweise ein beabsichtigter Anklang an das »Kyrie eleison« von Martin Luthers *Deutscher Messe von 1525* (1526) vor. Jedoch wie völlig anders ist diese Stimmführung, die durch ihre ausdrucksstarke mehrstimmige Bearbeitung als ein gewaltiger Aufschrei gestaltet ist, als jene verhaltene liturgische Weise!

Der zweimalige, sich steigernde Anruf »Kyrie«, der allein vom Alt überbrückt wird, und danach die Weiterführung des Sopran I durch nur von ihm gesungene anlaufende Noten zum Spitzenton g", auf die betonte zweite Silbe von »eleison«, verleiht den vier ersten Takten allerhöchste Intensität.
Für den nun folgenden fugierten Instrumentalsatz betrachten wir zunächst Bachs Thema im Vergleich zu Wilderers Vorlage:

Lediglich die Reperkussionstöne am Anfang verbinden beide Themen. Während Wilderer dann belanglos konventionell fortfährt, dehnt Bach das Thema über insgesamt vier Takte aus, indem er, halbtaktweise chromatisch aufsteigend, mit dem Wort »eleison« vom Ausgangston h' bis zum e" gelangt, um im dritten Takt mit einem zweiten Anruf »Kyrie« auf g" zu springen und danach mit »eleison« auf der Dominante fis" abzuschließen (Takt 5—8, textiert 30—33). Zwischen den aufsteigenden Tönen aber weicht das Thema jeweils nach unten aus, um intensiver die hohen Töne anspringen zu können. Zur Figur der *Exclamatio*, des Ausrufs, gehört in der musikalischen Rhetorik bis zum Zeitalter Bachs das stufenweise Ansteigen, die *Graduatio*. Werden beim Ausholen außerdem noch leiterfremde Töne und übermäßige Sprünge verwendet, so liegt eine Verbindung der *Exclamatio* mit der sog. *Parrhesia* vor, wodurch die Ausdruckssteigerung noch erhöht wird. Als solche ist das sequenzartig stufenweise aufwärts geführte Nebenthema von Takt 58 ff. bzw. 112 ff. in Sopran I bzw. II zu verstehen:

Ein Blick sei vorweg auch auf die immer wieder vorkommenden, abgerissenen Zwischenspielfiguren (z. B. Viola Takt 15 ff., und später in den Vokalstimmen in Takt 62 ff. und 116 ff.) geworfen, wie sie das folgende Beispiel zeigt!

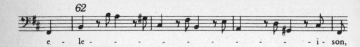

Es handelt sich hier um die *Suspiratio*, um vielfach wiederkehrende Seufzer, die nicht zuletzt den Charakter des Kyrie I bestimmen.

Unter Verwendung dieses Materials baut Bach den mit stärkster innerer Spannung geladenen Eingangschor auf, für den er als Tempobezeichnung in der Partitur » Largo « angibt. Nach J. G. Walthers *Musikalischem Lexikon* (1732) erfordert dies » eine etwas geschwindere Bewegung als adagio «. In diesem Grundzeitmaß läuft nun der eigentliche Eingangschor ab. In dem instrumentalen Vorspiel setzen Flöte I und Oboe I in Takt 5 mit dem Thema ein, gefolgt von Flöte II und Oboe II in der zweiten Hälfte von Takt 7. Später (Takt 22 ff.) kommt das Thema noch im Continuo. Die Instrumente sagen zunächst allein aus, was die Vokalstimmen anschließend mit dem textierten Thema ausdrücklich tun. In Takt 30 beginnt — zunächst nur von Oboe I und II in freiem Kontrapunkt begleitet — die vom Continuo getragene fünfstimmige Chorfuge, zu der erst ab Takt 45 beim Einsatz des Basses als letzter Stimme und bei den folgenden Neueinsätzen des Themas die übrigen Instrumentalstimmen allmählich und zwar in Colla parte-Führung mit den Vokalstimmen hinzukommen. Beim Einsatz des Nebenthemas in Takt 58 trennen sich jedoch Instrumente und Vokalstimmen bei der hier beginnenden Episode, um einem neuen Höhepunkt in den Takten 62—63 zuzustreben. Hier spinnen die Chorsoprane zusammen mit den Flöten und Geigen die zweite Themenhälfte eindrucksvoll in Terzen fort. Bei Takt 73 liegt ein Einschnitt vor: Nach einem kurzen instrumentalen Zwischenspiel von nur 8 Takten beginnt mit Takt 81 eine neue Fugenentwicklung mit dem Hauptthema, jetzt vom Baß aus aufgebaut. Eben hat dabei in Takt 97 der Sopran II als letzte Stimme eingesetzt, da greift in Takt 102 der Sopran I das Thema bereits von neuem auf; in Takt 104 schließt sich der Sopran II an. Takt 112 bringt noch einen letzten Einschnitt: der Chor führt wie in Takt 58 ff. noch einmal das Nebenthema ein, bis das Hauptthema zum letztenmal in Takt 119 vom Baß aufgenommen und der Satz in Takt 126 mit einem H-dur-Akkord abgeschlossen wird. Bei alledem wechseln die Instrumente zwischen hervorhebendem Colla-parte-Spiel (dies bei allen wichtigen Themeneinsätzen) und selbständiger kontrapunktischer Stimmführung.

Das Erstaunliche an diesem ausgedehnten Chorsatz ist seine immer wieder neu ansetzende, planmäßige Steigerung mit nicht ermüdendem langem Atem. Die Nachgestaltung erfordert freilich außerordentliche Hingabe und Intensität, wenn der lange Atem dieses Stückes nicht in Langatmigkeit verkehrt werden soll. Daß die in diesem Chor wirksame künstlerische Gestaltungskraft nicht ohne inneres Beteiligtsein am Bittruf » Kyrie eleison « vorstellbar ist, wird man sich sagen müssen.

Christe eleison

Gegenüber dem dringlichen Ernst des ersten Kyrie haftet dem nun folgenden in D-dur stehenden Duett » Christe eleison « fast ein Zug von Heiterkeit an, den man wohl als Ausdruck von Vertrauen verstehen darf. Auch in Wilderers Messe ist, wie bereits gesagt, das Christe eleison ein Duett, und es ist auch bei ihm und vielleicht auch bei anderen konzertierten Messen des Hochbarock zu vermuten, daß die Wahl der Form auf die zweite Person der Trinität deuten soll. Für Bach kann dies mit Sicherheit gesagt werden; dies ergibt sich aus dem Sinn und Zusammenhang der zwei weiteren Duette der h-moll-Messe. Auch in der weitgehenden Führung der beiden Vokalstimmen in Terzen knüpft Bach an Wilderer an; freilich stellt er dessen Einförmigkeit völlig in den Schatten, indem er nicht nur häufig zwischen Terzen und Sextenparallelen wechselt, sondern auch Takte mit imitierenden Einsätzen im Quint- oder Quartabstand der beiden Stimmen einschiebt. Hier wird man gleichfalls die Satzweise sinnbildlich interpretieren müssen; sie deutet gemäß der christlichen Trinitätslehre offensichtlich auf Einheit und Verschiedenheit von Gott Vater und Gott Sohn. Der Gelöstheit ausstrahlende Charakter des Duetts erinnert daran, daß Gott durch Christus angerufen werden soll und nur durch ihn recht angerufen werden kann. Den vertrauensvollen Ton des »Christe eleison« unterstreichen in ihrer Weise die unisono geführten Violinen I und II mit ihren zumeist in Sechzehntelläufen begleitenden Spielfiguren.

Kyrie eleison II

Den das gesamte Kyrie abschließenden Chorsatz hat Bach mit »Alla breve« überschrieben und im Vierhalbetakt mit dem Vorzeichen ¢ notiert und ihn damit bewußt im altertümlichen *Stylus gravis* gesetzt, der auch als *Stylus majestaticus prænestinianus ecclesiasticus* bezeichnet, also als spezifisch kirchlicher, gravitätischer Palestrinastil angesehen wurde. Auch die durchgehende Colla-parte-Führung der Instrumente sowie die Beschränkung auf die Vierstimmigkeit gehören, hier wenigstens, zu diesem Satzstil; nur der bezifferte Basso continuo wird an den Stellen, an denen der Singbaß pausiert, selbständig weitergeführt. Im übrigen aber ist das Kyrie II ein Satz des im schwerelosen Rhythmus dahinfließenden *Stile antico*. Was kann Bach zu dessen Anwendung veranlaßt haben? Sicherlich zweierlei: einmal wie in weiteren Sätzen der Messe der damit angedeutete Hinweis auf ein gemeinsames überkonfessionelles Erbe, der ihm für die Überreichung des Werkes beim katholischen Kurfürsten von Sachsen angebracht erscheinen konnte, und zum anderen insonderheit der Ausdruck einer erhörten Bitte, der von altersher an dieser Stelle in den Meßkompositionen durchklingt und nicht erst im nachfolgenden Gloria, wie im 19. Jahrhundert die protestantische Restauration die Folge von Kyrie und Gloria verstanden hat. Von daher erklärt sich über den *Stile antico* hinaus das überhöhende fis-moll dieses Satzes mit dem Abschluß in Fis-dur. Allerdings behält der Satz mit den Halbtonstufen des Themenkopfes und manchen chromatischen Durchgängen dennoch den Charakter eines Bittrufs. Aufs Ganze gesehen ist er weit gedrungener als das Kyrie I und im einzelnen folgendermaßen gegliedert: Vom Baß her baut sich eine Chorfuge mit einem zweieinhalb Takte umfassenden Thema auf, deren Grundzeitwert die Halbe ist. Nach der ersten Durchführung folgt von Takt 14 bis 24 ein Zwischenspiel ohne Singbaß und Fagott, dem sich von Takt 25 an eine zweite, teilweise Durchführung in Baß und Tenor anschließt. Takt 31 ff. bringt ein zweites, knapp zwei Takte langes Thema, das in rascher Aufeinanderfolge der Einsätze,

also in Engführung, bis Takt 35 einmal durchgeführt wird. Hier setzt Thema I von neuem ein, jetzt in paarweiser Engführung, d. h. in einer besonders charakteristischen Satzweise des *Stile antico*, und zwar in Takt 35—36 im Alt und Tenor und in Takt 40—41 im Sopran und Baß. Die Takte 43 bis 46 sowie — nach einem Zwischenspiel — die Takte 51 bis 53 bringen noch einmal die Durchführung des zweiten Themas in wiederum rascher Aufeinanderfolge der Einsätze, in Takt 51 beim Sopran nachdrücklich auf a'' einsetzend, bis schließlich in Takt 54—55 mit Thema I in Baß und Sopran der nun noch sechs Takte umfassende Abschluß eingeleitet wird.
Dem inneren Aufbau des dreisätzigen Kyrie — Christe — Kyrie entspricht die Tonartenfolge h-moll, D-dur, fis-moll; der h-moll-Dreiklang bildet das tragende Gerüst und versinnbildlicht den Prozeß der Überhöhung.

Das Gloria

Allgemeines

Der Text des Gloria gliedert sich in den Lobgesang der himmlischen Heerscharen aus der Weihnachtsgeschichte (Luk. 2, 14), das sog. »Gloria in excelsis Deo«, und das Laudamus, einen altkirchlichen Hymnus, der seit frühchristlichen Zeiten in der Liturgie mit dem Gloria fest verbunden ist. Die Aufteilung des ausgedehnten Textes in eine Reihe von Sätzen, wie Bach sie vornimmt, ist nicht vorbildlos und entspricht der »Missa concertata«. Schon in einer Messe von Johann Rosenmüller z. B. finden wir fast die gleiche Gliederung. Ein flüchtiger Überblick über den ganzen Teil läßt den Eindruck einer regellosen Folge von Chören und solistischen Stücken entstehen. Aber wie bereits am Christe eleison eine sinnbildliche Deutung der Form des Duetts gegeben worden ist, so wird die entsprechende Frage auch weiterhin in jedem einzelnen Besetzungsfall zu stellen sein. Dann werden wir den Eindruck eines regellosen Wechsels von verschiedenen Besetzungen dem einer sinnvollen Anordnung weichen sehen. Wenn der Hörer vermeiden will, daß ihm das Gloria mit seinen acht Gliedern in eine Gruppe beziehungsloser Stücke auseinanderfällt, muß er sich den überaus sinnvollen Gesamtaufbau, wie ihn Bach in erstaunlicher geistiger Durchdringung des Textes vollzieht, zuvor vergegenwärtigen. Dies geschehe in folgender Skizze:

Chor: Gloria in excelsis Deo et in terra pax hominibus bonae voluntatis.

*

Arie: Laudamus te, benedicimus te, adoramus te, glorificamus te.

Chor: Gratias agimus tibi propter magnam gloriam tuam.

*

Duett: Domine Deus, rex coelestis, Deus Pater omnipotens, Domine Fili unigenite, Jesu Christe, altissime, Domine Deus, Agnus Dei, Filius Patris.

Chor: Qui tollis peccata mundi, miserere nobis,
qui tollis peccata mundi, miserere nobis,
qui tollis peccata mundi, suscipe deprecationem nostram.

Arie: Qui sedes ed dextram Patris, miserere nobis.

*

Arie: Quoniam tu solus sanctus, tu solus Dominus, tu solus altissimus, Jesu Christe.

Chor: Cum Sancto Spiritu in gloria Dei Patris. Amen.

Nach dem Spitzenchor Gloria in excelsis Deo gliedert sich der anschließende Hymnus in drei Abschnitte:

1. in einen Lobpreis auf die Herrlichkeit Gottes
2. in einen Bittruf an Gott Vater und Gott Sohn
3. in eine Lobpreis und Bittruf begründende Aussage über die Gottheit Jesu Christi mit Gott Vater und dem Heiligen Geist zusammen.

Dazu muß gesagt werden, daß der liturgische Text an sich die gegebene Gliederung nicht in der dargelegten Strenge hervorhebt; wohl aber hat Bach ihn sich, ältere Vorbilder weiterführend, in dieser sinnvollen Weise geordnet und gewiß dabei mehr mit ihm verbunden, als er ursprünglich sagen will. Das wird sich uns im einzelnen zeigen. Dieses Mehr aber ist kein fälschliches Hineindeuten, sondern ein Schöpfen aus vollem christlichem Verstehen und Denken.

Sehen wir die gegebene Gliederung mit den Besetzungsformen der Unterteile im einzelnen an! Für die erste und die letzte Gruppe des Laudamus verwendet Bach je eine Arie mit einem nachfolgenden Chor, für den Bittruf in der Mitte einen Chor mit vorausgehendem Duett und nachfolgender Arie. So entsteht für den gesamten Hymnus ein siebengliedriger Bau (sieben — das wird uns im Credo begegnen — ist die Symbolzahl für die göttliche Allmacht und Vollkommenheit), in dessen Mitte genau wie später beim Credo der Gekreuzigte steht, der der Welt Sünde trägt (»qui tollis peccata mundi ...«). Die Form der Arie bei den einander entsprechenden Sätzen »Laudamus te« und »Quoniam tu solus sanctus« ist gewählt im Hinblick auf das viermalige »te« (Dich!) bzw. das dreimalige »tu solus« (Du allein!); sie versinnbildlicht den einen Herrn und Gott. Bei der Arie des Mittelteils »Qui sedes« ist dabei im besonderen an den erhöhten Herrn, der mit dem Vater und dem Heiligen Geist eins ist, gedacht. Das Duett bei Domine Deus symbolisiert genau wie beim Christe eleison die zweite Person der Trinität, auf die auch die gewählte Tonart G-dur hinweist, die Unterdominante zur Grundtonart des Gloriazyklus D-dur als Zeichen der Erniedrigung Gottes. Die Chorform ist die Stimme der Kirche, sei es der himmlischen wie beim »Gloria in excelsis« oder der irdischen wie beim »Qui tollis« oder der gesamten wie beim »Gratias agimus tibi« (wir sagen Dir Dank).

Der Tonartenaufbau gestaltet sich auf das Ganze gesehen folgendermaßen: Die Eckpfeiler stehen wie der Spitzenchor in der Grundtonart D-dur, die erste Arie »Laudamus te« sogar in dem erhöhenden A-dur, der Oberdominante. Die Mittelgruppe führt von dem erwähnten G-dur des Duetts zum h-moll, das als Gegensatz zur Sinnbildlichkeit des D-dur wie beim ersten Kyrie die Welt der Sünde bezw. das Eingehen Gottes in sie kennzeichnet. Die folgende Skizze mag das Gesagte veranschaulichen, wobei die Buchstaben in Klammern die Tonarten angeben:

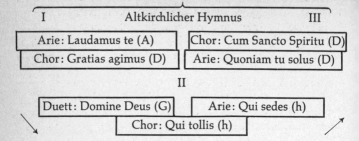

Gloria in excelsis Deo et in terra pax

Wir wenden uns nun den einzelnen Sätzen des Gloria zu. Der fünfstimmige, in D-dur stehende Spitzenchor über den Hymnus Lukas 2, Vers 14, behandelt in seinem ersten, genau 100 Takte umfassenden, sicherlich die Einheit und Vollkommenheit der göttlichen Welt symbolisierenden Teil lediglich die Worte »Gloria in excelsis Deo«. Hierbei sind zum erstenmal die zur Besetzung der h-moll-Messe gehörenden drei Trompeten und ebenso die beiden Pauken beteiligt. Das geschieht nach dem barocken Musikverständnis geradezu zwangsläufig; denn die Blechblasinstrumente sind mit ihrem strahlenden und durchdringenden Ton nicht etwa Ausdrucksträger eines menschlichen Pathos wie in späterer Zeit, sondern die Repräsentanten und Künder der überirdischen Welt. Daher sind sie folgerichtig auch in der Partituranordnung stets an oberster Stelle notiert, dies im Unterschied zu späterer Gepflogenheit. Der Satz beginnt mit einem kleinen Instrumentalkonzert von 24 Takten. Bei dieser Zahl hat Bach möglicherweise ebenfalls an die göttliche Welt gedacht; denn von seiner Kantate »Liebster Gott, wann werd' ich sterben?« (BWV 8) wissen wir, daß er mit der Zahl der Tagesstunden diesen Sinn verband. Auf alle Fälle will dieser Instrumentalsatz eine Art Himmelskonzert darstellen; darauf deuten neben den Trompeten sowohl die zahlreichen gebrochenen Dur-Dreiklänge der übrigen Instrumente als auch die Oktavsprünge im Continuo; die Dreiklänge weisen auf die Trinität hin und die Oktavsprünge auf die Totalität Gottes, beides Sinnbildlichkeiten, auf die wir in der h-moll-Messe noch häufiger stoßen werden. Auch die gewählte Dreitaktform meint das gleiche und vereint damit den Ausdruck der Freude, die ihrerseits ein Zeichen der göttlichen Welt ist. Im Takt 25 kommt der Chor hinzu, um abwechselnd in fugierten Passagen und in blockartig vollstimmigen Einsätzen unentwegt die vier Worte »Gloria in excelsis Deo« wiederzugeben, während die Instrumente daneben reine Spielmusik ausführen.

Mitten im Takt 100 bricht der Jubel dieses Satzes plötzlich ab. Ohne Unterbrechung tritt eine Wendung nach G-dur, der Tonart der Unterdominante, als Symbol der Erniedrigung und Menschwerdung Gottes ein. Hand in Hand damit wechselt der Takt in den begrenzten, die irdische Welt andeutenden Vierviertaktakt über. Es entspricht keinesfalls der Vorstellung Bachs, an dieser Stelle mit der Zählung eines neuen Satzes zu beginnen, wie es in der NBA geschieht (eine Numerierung der Sätze hat Bach selbst nicht vorgenommen).

Ohne Unterbrechung, wie gesagt, leitet der Chor in starkem Kontrast zu dem Vorangegangenen, nämlich einen Augenblick ohne Instrumente (abgesehen vom Continuo), zu den Anfangsworten der zweiten Vershälfte von Lukas 2,14 »et in terra pax« über. (Deren Tonfolge hat die Bremer Fernseh- und Rundfunkanstalt als Pausenzeichen gewählt.) In chorischer Engführung nehmen jedoch schon im Takt 101 zunächst die Streicher, gleich danach in Takt 102 die Holzbläser diese Fortführung auf; nur die Trompeten schweigen vorläufig. Der Sinn dieses Kontrastes drängt sich unmittelbar auf: Der Hörer wird auf die Erde versetzt. Hier freilich steht das Rad der Weltgeschichte still, da »die Zeit erfüllt ist«, der Friede Gottes bricht über sie herein. So sind die verschiedenen Orgelpunkte des Continuo (nach der Zählung der NBA Takt 2—5, 7—9 und vor allem 13—17) zu deuten. (Im zweiten Teil des Weihnachtsoratoriums, das nur wenig später als die Missa entstand, ist Bach im Chor »Ehre sei Gott in der Höhe« ganz entsprechend verfahren.) In drei Anläufen ergreift der Chor bis zum Takt 13 schrittweise, jedesmal wieder von vorn beginnend, den vollen Wortlaut »et in terra pax — hominibus — bonae voluntatis«. So, wie hier bereits auf den vier ersten Worten, insonderheit auf dem Wort »pax« besonderer Nachdruck liegt, wiederholt es sich ständig im Gesamtablauf des Chores. Die Takte 14 bis 20 bilden mit einem instrumentalen Zwischenspiel, bei dem der vorangegangene Chorsatz aufgegriffen und fortgesponnen wird, einen Übergang. Am Ende von Takt 20 beginnt eine Fuge, deren Themenkopf genau mit der vorher erklungenen Tonfolge von »et in terra pax« übereinstimmt, während die Fortführung auf die Worte »hominibus bonae voluntatis« dem Thema erst seine vollständige musikalische Gestalt gibt:

Daran schließt eine über drei Takte sich erstreckende, musikalisch besonders ausgeprägte Sechzehntel-Notenkette auf die wiederholten Worte »bonae voluntatis« an. Man mag zweifeln, ob diese noch zum Thema gehört, oder — was einleuchtender ist — als begleitender Kontrapunkt zu der nächsten einsetzenden Stimme zu verstehen ist. Diese vor allem durch die Sechzehntel-Läufe charakterisierte Fuge, bei der die Instrumente (Holzbläser und Streicher) nur eine zurückhaltende Begleitfunktion ausüben, hat gewiß keinen speziellen Bezug auf die Worte »bonae voluntatis«; vielmehr erscheint die Durchführung des Satzes, die wir zu den großen Eingebungen Bachs zählen, wie ein Abglanz göttlichen Friedens auf Erden. Die erste Durchführung reicht bis zum Takt 38. Danach folgen bis Takt 46 ein paar blockartige Wiederholungen der Worte »et in terra pax«, wobei die Blechblasinstrumente ihren Wiedereintritt in den Stimmenverband zunächst nur ankündigen; es schließt sich erst noch eine zweite Fugenentwicklung mit nun schon stärkerem Hervortreten der Holzblas- und Streichinstrumente an. Erst gegen Ende dieses Abschnitts (Takt 57—60) kommen die Blechbläser nun endlich wieder dazu, indem die Trompeten I und II den Themenkopf »et in terra pax« in strahlender Leuchtkraft erklingen lassen. Dies schließt zugleich die Rückwendung zur Grundtonart D-dur, die die ventillosen D-Trompeten allein vollständig blasen können, ein. Hier beginnt der nun noch 20 Takte umfassende, alle Vokal- und Instrumentalstimmen vereinende Abschluß, an dessen Ende die Trompete I mit der Tonfolge von »et in terra pax« noch einmal den gesamten Stimmenverband übertönt.

Dieser Spitzensatz des achtgliedrigen Gloria ist von eindringlicher Sinnbildlichkeit. Der Kontrast von transzendenter und irdischer Welt, wie er beim Übergang in Takt 100 zum Ausdruck kommt, wird im letzten Teil zur Synthese geführt. Dieser Aufbau insonderheit verbietet die Zählung eines neuen Satzes ab Takt 100; beabsichtigt ist vielmehr eine dreigliedrige Form in der Tonartenordnung D-G-D. Göttliche und menschliche Welt begegnen und vereinigen sich, indem mit der Geburt des Heilandes der göttliche Friede in die Welt einkehrt.

Laudamus te
Gratias agimus tibi

Am Anfang des siebenteiligen, an Lukas 2, 14 anschließenden Hymnus steht die Arie »Laudamus te«. Es wurde bereits ausgeführt, daß diese mit dem nachfolgenden Chor den vorderen Eckpfeiler im Ablauf dieses Hymnus darstellt und daß die Form der Arie auf das viermalige Wörtchen »te« (Dich), also auf die Anrede des Einen Gottes, deutet (siehe Seite 33). Dem überschwenglichen Lobpreis des Textes trägt Bach mit einer spielerisch virtuos geführten, gleichsam einen Strahlenkranz um sich verbreitenden Solovioline Rechnung. Sie tritt mit dem Solosopran — die gewählte Stimmlage mag sich vielleicht auf die lobende *Ecclesia*, die Kirche, beziehen — in konzertierenden Wettstreit, während die sonst beteiligten Streichinstrumente weithin nur eine Begleitfunktion haben. Nur hin und wieder greifen diese die auf die ausgedehnte Spitzenfigur der Worte »laudamus te« folgende knappe Tonreihe mit den gleichen Worten, sei es zusammen mit der Singstimme oder auch allein, in Terzenführung auf:

Hat die Arie mit einer instrumentalen Einleitung begonnen, so erweist sich die enge Zusammengehörigkeit von Arie und Chor als vorderer Eckpfeiler dieses Teils in dem sofortigen Einsatz der Singstimmen bei dem nun folgenden vierstimmigen Gratias agimus tibi. In ihm hat Bach den Eingangschor der 1731, also kurze Zeit vorher komponierten Ratswechsel-Kantate »Wir danken Dir, Gott, wir danken Dir« (BWV 29) »freilich in tiefgreifender Umformung« (F. Smend) parodiert. So hat er gleich am Anfang, sehr bezeichnend, den in der Kantate vorausgehenden Konzertsatz nicht mit übernommen, fraglos, um einen engen Anschluß an die vorangegangene Arie zu erreichen. Abgesehen von der textlichen Verwandtschaft von Urbild und Parodie mußte Bach die Wiederverwendung des Satzes »Wir danken Dir, Gott« mit dem Text »Gratias agimus tibi« deshalb ganz besonders geeignet erscheinen, da es sich hier wie beim Kyrie II um eine Vorlage im vierstimmigen *Stile antico* handelt; denn dieser kommt einer lateinischen Textierung besonders entgegen und vermochte obendrein einer gewissen überkonfessionellen Tendenz der h-moll-Messe zu entsprechen. Lehrreich ist im Blick auf die Neutextierung und Umnotierung von Zweihalbe- in regelrechten Alla-breve-, nämlich Vierhalbe-Takt eine Gegenüberstellung von Urbild und Parodie des Spitzenthemas:

Bei dieser im Sinne der altniederländischen Vokalpolyphonie noch schwebender gewordenen Satzgestaltung erscheint die Colla-parte-Führung der Instrumente erst recht sinnvoll. Daß dieser Satz zudem in der Grundtonart des Gloria, in D-dur, steht und daß sein Lobpreis-Charakter die Beteiligung der Trompeten fordert – sie spalten sich gegen Ende des Chorsatzes sogar zu gesonderter Stimmführung ab –, ist alles absolut folgerichtig.

Der Chorsatz baut sich fugenmäßig auf zwei Themen auf; neben dem oben zitierten folgt ein zweites konzertierendes auf die übrigen Worte »propter magnam gloriam tuam«, wobei das Wort »gloriam« mit einer Achtelkoloratur dessen Gestalt bestimmt. Eine besondere Krönung des Satzes ergibt sich durch das Hinzukommen der Trompeten, zunächst zweimal allein der Trompete I, die dann in den Takten 15 bis 18 und 26 bis 29 mit dem Sopran zeichenhaft das Thema I in hoher Lage (zwischen d" und g") mitspielt. Jedoch vom Takt 31 ab erfolgt dann die erwähnte Abspaltung der Trompeten vom Vokalsatz. In gewaltiger Steigerung und Ausweitung des Klangraumes bringen jetzt Trompete I und II das Hauptthema in selbständiger kanonischer Führung, Trompete I dabei bis zum d''' aufsteigend — getragen von einer kontrapunktischen Stimme der Trompete III und in Begleitung der Pauken — und erhöhen damit die Stimmenzahl des Satzes auf sieben.

Unmittelbar nach dem kanonischen Trompeteneinsatz setzt der Baß, der pausiert hatte, in Takt 35 zusammen mit dem 16füßig gespielten Continuo sehr betont auf dem Ton A, also im Abstand von vier Oktaven gegenüber der Trompete I, ein letztesmal mit dem Hauptthema ein; gleichzeitig blasen Trompete I und II in Takt 41—42 dieses Thema noch einmal kanonisch an, um es dann in den vier letzten Takten frei fortzuspinnen und zuende zu führen. Insgesamt ein Satz von bezwingender Gewalt, der mit der ausgewogenen großartigen Erhabenheit des *Stile antico*-Rhythmus überirdischen Glanz ausstrahlt.

Domine Deus

Mit dem Duett »Domine Deus« wird die dreiteilige Mittelgruppe des Laudamus-Zyklus eingeleitet. Die Wahl sowohl der Form des Duetts als auch der Unterdominant-Tonart G-dur und schließlich des Vierviertaktes zeigen eine besondere Bezugnahme auf die zweite Person der Trinität an.

Der Text, der lediglich ein Anruf ist, hat schon in den Meßkompositionen älterer Zeit zu gesonderter musikalischer Behandlung gedrängt. Niemand jedoch hat seinen dogmatischen Gehalt so weitgehend musikalisch-symbolisch dargestellt wie Bach. Er knüpft an seine auf Seite 32 gekennzeichnete Dreigliedrigkeit an, die er trinitarisch ausdeutet; d. h., obwohl im Mittelpunkt Jesus Christus steht, so behandelt Bach hier doch alle drei Personen der Trinität in ihrem Verhältnis zueinander. Das geschieht zuerst in der Tonfigur, die zu Beginn der drei ersten Takte durch die Flöte, die Violine I und wieder die Flöte erklingt und während des Stückes ständig wiederkehrt:

Sie ist das Zeichen der Trinität: Auf eine Achtelnote folgen zwei Sechzehntel- und eine Viertelnote. Der rhythmische Wert der einen Achtel- und der beiden Sechzehntelnoten ist der gleiche. Beides zusammen aber ergibt den der nachfolgenden Viertelnote. Das bedeutet die Verschiedenheit und doch zugleich die Einheit von Gott Vater und Gott Sohn (Achtel und zwei Sechzehntel) sowie den Gott Vater und Sohn in sich beschließenden Heiligen Geist (Viertel). Die Tatsache, daß dieses Zeichen fast immer dreimal nacheinander erklingt, und zwar im Wechsel der Instrumentierung, und dazu dreimal der gleiche, einen Oktavraum ausfüllende und damit Gottes Totalität meinende Continuolauf gebracht wird, läßt keinen Zweifel über Bachs Absicht. Um den christlichen Trinitätsglauben noch weiter musikalisch-sinnbildlich darzustellen, teilt Bach dieses Duett genau in dreimal 30 Takte. (Die Takte 91 bis 95 sind als Überleitung zum »Qui tollis«-Chor zu verstehen; die konzertierende Flöte erreicht in Takt 91 ihren Schlußton. Sie erscheinen als Hinführung zu dem tiefernsten Charakter des nächsten Chors notwendig, da dieser textlich unmittelbar anschließt.) Bach hat sich in dem frohen Dur des Duetts völlig auf den trinitarischen Anruf und seinen Sinn konzentriert ohne Rücksicht auf den Fortgang des Textes. Erst in den überleitenden Takten 91 ff. bereitet er auf ihn vor. Wir verfolgen das Duett im einzelnen. Im ersten Teil setzen nach einer instrumentalen Einleitung bei Takt 17 die beiden Solostimmen (Sopran und Tenor) ein, und zwar — wiederum höchst bezeichnend für Bachs Absicht — eine Stimme mit dem Text des ersten Anrufs »Domine Deus« usw. und die andere mit dem des zweiten »Domine Fili unigenite«. Dies wiederholt sich in den beiden ersten Teilen, also bis Takt 60, ständig; stets setzt die Stimme, die den Text des ersten Anrufs hat, auch zuerst ein, es kann der Sopran oder auch der Tenor sein. Die andere Stimme folgt jeweils kanonisch in der Oberquinte oder Unterquarte, findet sich jedoch bald mit ihrem Partner in Sexten- oder Dezimenparallelen zusammen. Die Verwandtschaft mit dem Duett «Christe eleison« liegt auf der Hand und damit auch der Sinn des Verfahrens: Die zwei ersten Personen der Heiligen Trinität, die doch einerlei Wesens sind, werden wiederum symbolisch gekennzeichnet. Bei fast jedem neuen Vokaleinsatz kehrt auch das erläuterte instrumentale Zeichen der Dreieinigkeit über den drei gleichen Continuofiguren wieder (vgl. Takt 18 ff., 25 ff., 35 f.). Obendrein ist die Führung der beiden solistischen Stimmen an die instrumentale Spitzenfigur angelehnt. Der mit Takt 31 beginnende zweite Teil ist dadurch hervorgehoben, daß die Vokalstimmen von jetzt ab erstens stets im Oktavkanon einsetzen und zweitens genau mit den Tönen des instrumentalen Zeichens der Trinität, die jeweils echohaft im Abstand einer Viertelnote von den Streichern im Einklang oder in der Oktave wiederholt werden. Alles Neue in diesem Teil bringt damit weitere Versinnbildlichungen der christlichen Trinitätslehre; dabei ist die Kanonform in der Oktave (Einheit und Verschiedenheit in einem) besonders typisch. Auch in diesem zweiten Teil setzt jeweils die Stimme mit dem Anruf »Domine Deus« zuerst ein. Mit dem Takt 60 beginnt der dritte Teil, wie der erste mit einer instrumentalen Einleitung und in den Anfangstakten in genauer Übereinstimmung mit jenem. Ihm liegt als Text ausschließlich der dritte Anruf »Domine Deus, Agnus Dei« zugrunde. In letzter Folgerichtigkeit einer musikalischen Darstellung der christlichen Trinitätslehre setzen in diesem Teil die beiden Vokalstimmen nunmehr stets gleichzeitig und zwar zweimal in Terzen und beim dritten Mal in der Dezime ein: Der Heilige Geist umschließt Gott Vater und Gott Sohn zur Einheit.

Die einfache Klarlegung der musikalischen Vorgänge dieses Duetts möchte hier ganz besonders der Ehrfurcht vor einem staunenswerten Wunderwerk dienen; denn in diesem Stück läßt es sich besonders eindrucksvoll erkennen, daß die eingebaute Sinnbildlichkeit ein unabtrennbarer Bestandteil des klingenden Kunstwerks ist und daß somit die Sinnbildlichkeit dem Wohlklang nicht im Wege steht, sondern diesem vielmehr als tragendes Fundament dient. Dies zeigt nicht zuletzt die aus der symbolischen Leitfigur hervorgehende und ins Unendliche weiterklingende Flötenstimme; sie gehört zum Schönsten, was Bach in dieser Art geschaffen hat, und verleiht dem Duett einen Hauch lebendigsten Schöpfergeistes.

Qui tollis peccata mundi

Das Mittelstück des Laudamus-Zyklus bildet der vierstimmige Chor »Qui tollis peccata mundi«; er steht in h-moll, der Paralleltonart von D-dur, das die Grundtonart des gesamten Gloria ist, und deutet wie die Unterdominant-Tonart des vorangegangenen Duetts auf die Erniedrigung Gottes in Jesus Christus. (Davon wird bei der Besprechung des Credo noch eingehender die Rede sein.) Das Bild des »Crucifixus« steht mit diesem Chor an zentraler Stelle in der Mittelachse der Satzfolge. In ihm hat Bach den Eingangschor der Kantate BWV 46 *Schauet doch und sehet, ob irgend ein Schmerz sei wie mein Schmerz* parodiert. Die Möglichkeit hierzu bot sich im Blick auf den ernsten Grundton der Kantate und in Anbetracht der für Bach besonders sinnvoll verwendbaren absteigenden Moll-Dreiklänge des Kantatensatzes, ferner auch der zahlreichen leiterfremden Töne in der Vorlage als Ausdruck des Schmerzes, wie es die musikalische Redefigur der *Pathopoiia* lehrt. Wie sorgsam freilich Bach bei der Wiederverwendung des Kantatensatzes verfahren ist, zeigt die folgende Gegenüberstellung von Vorlage und Parodie. Wichtig ist nun die Feststellung, wie Bach nach den Worten der Gebetsanrede im vorangehenden Duett den folgenden liturgischen Text weiter aufteilt. Auf die Anrede folgen jetzt drei Relativsätze mit anschließendem Bittruf: »Qui tollis peccata mundi, miserere nobis, qui tollis peccata mundi, suscipe depre-

Kantate BWV 46, Alt Takt 17 - 23

cationem nostram, qui sedes ad dextram Patris, miserere nobis«. Man hätte sich vorstellen können, daß Bach diese Dreigliederung gern beibehalten hätte; dann aber wäre die Gesamtplanung im Mittelteil des Laudamus nicht durchführbar gewesen. Um so bemerkenswerter ist Bachs Anlage des Chores »Qui tollis peccata mundi«, mit dem er dennoch eine, wenn auch nicht ganz offen zutage liegende Dreigliederung vornimmt. Er legt sich, vergleichbar mit dem Agnus Dei, den Text folgendermaßen zurecht: »Qui tollis peccata mundi, miserere nobis; qui tollis peccata mundi, miserere nobis; qui tollis peccata mundi, suscipe deprecationem nostram.« Dementsprechend baut sich der Chor auf: Jede der vier Stimmen läßt Bach dreimal mit den Worten »Qui tollis peccata mundi« einsetzen und zumeist auch noch die zweite Zeilenhälfte, also bei Glied 1 und 2 die Worte »miserere nobis« und beim dritten »suscipe deprecationem nostram«, je dreimal folgen. So entsteht die Ordnung 3x3x3, die im Tenor völlig streng durchgeführt ist:
I. Takt 1 ff. »Qui tollis...«, Takt 6,7 und 12 »miserere nobis«;
II. Takt 15 ff. »Qui tollis...«, Takt 20, 23 und 26 »miserere nobis«; III. Takt 28 ff. »Qui tollis...«, Takt 33, 37 und 42 „suscipe deprecationem nostram".
Von dieser trinitarischen Anordnung her wird auch die Wahl der Dreitaktform (Dreivierteltakt) verständlich.
Die Instrumente sprechen in diesem Satz neben den Singstimmen eine eigene Sprache, wobei vor allem die Stimmführungen der Viola und des Violoncellos charakteristisch sind. In beiden ist die Figur der auch als *Anaphora* bezeichneten *Repetitio*,

also der um des besonderen Nachdrucks willen ständigen Tonwiederholung, angewandt. In der Viola sind es vielfache Wiederholungen von zwei aneinander gebundenen Achteln und im Violoncello in zahlreichen Takten drei aufeinanderfolgende gleiche Noten, für die Bach die Anweisung »coll arco e staccato« (stakkato mit Bogen) gegeben hat. (In der Kantate 46 gehen das Violoncello und der Continuo mit jeweils nur einem Viertel im einzelnen Takt überein, und auch in der h-moll-Messe hat Bach die Trennung beider Stimmen nicht sofort vollzogen, wie die autographe Partitur zeigt; um so größere Beachtung verdient daher die endgültige Fassung.)
Beobachtet man bei alledem, wie im gesamten Ablauf dieses Chores das Wort »peccata« (Sünden) ständig besonders hervorgehoben wird und wie in Korrespondenz hiermit die Gesamtanlage eine vielfache Wiederholung der Worte »miserere nobis« und »suscipe deprecationem nostram« bewirkt, und nimmt man schließlich wahr, daß Bach über die wichtigsten Instrumentalstimmen Viola und Violoncello sowie über die beginnende Vokalstimme, den Alt, im originalen Aufführungsmaterial die Angabe »lento« geschrieben hat, dann weiß man, wie er diesen Satz verstanden wissen will: Als eine demütig flehende Hinwendung zu dem Gekreuzigten.

Qui sedes ad dextram Patris

Als drittes Glied der Mittelgruppe des Laudamus-Zyklus schließt sich die Arie »Qui sedes ad dextram Patris, miserere nobis« an. Die Form der Arie ist hier — im Unterschied zu dem auf die zweite Person der Trinität bezogenen Duett »Domine Deus« — im Blick auf den erhöhten Christus, auf die Einheit von Gott-Vater und Gott-Sohn gewählt. Von den betreffenden Worten »Qui sedes ad dextram Patris« her erklärt sich der angewandte Sechsachteltakt, der im Gegensatz zu dem schweren Dreivierteltakt des vorangegangenen Chores einen überirdischen Hauch verspüren läßt. Indessen ist die Tonart h-moll im Blick auf das »miserere nobis«, den »Ruf aus der Tiefe«, beibehalten. Auch diese Arie ist dreiteilig, und wiederum hebt sich der dritte Teil von den beiden ersten ab, obwohl jeder einzelne den vollständigen Text bringt; jedoch der dritte beginnt sofort mit den Worten »miserere nobis«, bevor sich dann noch einmal der Gesamttext der Arie anschließt. Dieser

dritte Teil mündet außerdem in ein 13 Takte umfassendes »Adagio« ein.
Der Satz wird durch instrumentale Einleitungen vor jedem Abschnitt gegliedert, worin eine weitere Übereinstimmung mit dem Duett »Domine Deus« besteht. Bach hat also auch in der Arie »Qui sedes ad dextram Patris« den trinitarischen Gedanken verwirklicht. Im übrigen gibt diese freilich einiges zu bedenken; die musikalische Ausführung, vor allem das konzertierende »Spiel« zwischen der Oboe d'amore und dem Alt (die beteiligten Streichinstrumente haben nur eine Begleitfunktion) und die häufige Anwendung des Echos zwischen beiden Stimmen, will nicht recht zu dem Text passen. (Mit der Vielfalt der vorkommenden dynamischen Bezeichnungen darf man allerdings keine falschen Vorstellungen verbinden. Bach setzt nach einer instrumentalen Einleitung bei den Instrumentalstimmen ein »piano«, wenn die Singstimme hinzutritt; das bedeutet nichts anderes als Zurückhaltung. Beim instrumentalen Zwischenspiel schreibt er folgerichtig dann wieder »forte« vor. Echos sind in den instrumentalen Abschnitten mit »piano« und in den übrigen mit »pianissimo« gekennzeichnet.)
Man möchte vermuten, daß es sich bei dieser Arie um eine noch nicht ermittelte Parodie handelt. Darauf deutet unseres Erachtens auch die uneinheitliche Texturierung der Hauptfigur, wie die folgende Gegenüberstellung von Takt 19 ff. und 27 ff. zeigt:

Was könnte diese Figur bedeuten, wo sie doch mit verschiedenen Textunterlegungen erscheint? Soll sie überhaupt etwas besonderes aussagen, oder ist sie eine reine Spielform? Trotz solcher offener Fragen darf nicht übersehen werden, daß vor allem der dritte, im »Adagio« ausklingende Abschnitt von großer Eindringlichkeit ist; dem Wort »miserere« wird hier noch einmal besonderer Nachdruck verliehen.

Quoniam tu solus sanctus
Cum Sancto Spiritu

Die Arie » Quoniam tu solus sanctus « bildet zusammen mit dem Chor » Cum Sancto Spiritu « den anderen Eckpfeiler des Laudamus-Zyklus und ist mit diesem noch unmittelbarer verknüpft als die Arie » Laudamus te « mit dem Chor » Gratias agimus tibi «. Wie jener vordere Eckpfeiler ist dieser das Gloria abschließende nichts anderes als eine Doxologie, eine Verherrlichung der Trinität. Dem viermaligen Wörtchen » te « (Dich) der Laudamus-Arie steht in der nun folgenden das dreimalige » tu solus « gegenüber. Der göttlichen Majestät Jesu Christi, der eins ist mit Gott Vater und dem Heiligen Geist und der in dem liturgischen Text mit den Worten » tu solus sanctus, tu solus Dominus, tu solus altissimus « gepriesen wird, entspricht der männliche Charakter des Stückes als Baß-Arie mit einem konzertierenden Corno da caccia (Waldhorn) als Repräsentanten und Künder der göttlichen Welt wie alle Blechblasinstrumente. Da das Waldhorn in Tenorlage steht, kommen als weitere zu dieser Stimmlage passende Instrumente zwei Fagotte mit Begleitfunktion hinzu.

Wieder ordnet Bach den kurzen Text in drei Abschnitte und baut die Arie entsprechend, wie folgt, auf:

I. Takt 1—44a: » Tu solus sanctus, tu solus Dominus « (Du allein bist heilig, Du allein bist der Herr);

II. Takt 44b—89: » Tu solus altissimus, Jesu Christe « (Du allein bis der Höchste, Jesu Christe);

III. Takt 90—128a: » Tu solus sanctus, tu solus Dominus, tu solus altissimus, Jesu Christe. «

Man erkennt, daß die höchste Anrede für Jesus Christus » tu solus altissimus « im ersten Abschnitt unberücksichtigt bleibt, dafür aber im zweiten ausschließlich behandelt wird. Dieser zweite Abschnitt wird auch musikalisch besonders hervorgehoben und zwar dadurch, daß der dritte da capo-ähnlich ist und wie Abschnitt I in der Grundtonart D-dur steht, während sich der mittlere Abschnitt vornehmlich im Dominantbereich, also in A-dur, und teilweise auch im Bereich der Dur-Parallele h-moll bewegt. Abschnitt III verhält sich jedoch spiegelbildartig symmetrisch zu Abschnitt 1, indem er mit den gleichen 12 instrumentalen Takten endet, mit denen jener beginnt.

Nun ist aber auch diese Arie durch eine instrumentale Figur der Hornstimme, die eine ebenso zeichenhafte Bedeutung hat wie die des Duetts »Domine Deus«, gekennzeichnet. Auch sie markiert wie jene den Beginn der wichtigsten Abschnitte, indem sie in Takt 1, 44 und 116, d. h. jeweils zu Beginn des instrumentalen Vor-, Zwischen- und Nachspiels (beim Zwischenspiel auf der Dominante), und darüber hinaus an zwei symmetrischen Stellen von Abschnitt I und III in den Takten 20 und 97 erscheint. Diese Figur hat folgende Gestalt:

Ihre musikalische Eigenart besteht einerseits in strengster Symmetrie — von vorn und rückwärts gelesen ergeben die fünf ersten Töne, um die es sich handelt, die gleiche Tonfolge — und andererseits in zwei Oktavsprüngen von der Tonika zur oberen Oktave und nach einem kurzen Ausweichen zum Leitton wieder zurück zum Ausgangspunkt. Die Oktave — noch in der Musiktheorie des Barock wird sie mit dem griechischen Wort *Diapason*, d. h. »durch das Ganze«, bezeichnet — ist der Inbegriff des musikalischen Tonraumes und daher Sinnbild für Totalität, gleichnishaft demzufolge auch für die Totalität Gottes. Dabei entspricht die symmetrische Gestalt der Figur dem Weltbild von Bachs Zeitalter, wovon bei der Behandlung des Credo noch eingehender gesprochen werden soll. Wie wenig zufällig die Gestalt dieser Leitfigur der Arie ist, wird an der Continuostimme, die an den drei Hauptstellen mit ihr verbunden ist, erkennbar; diese ist ihrerseits durch Oktavsprünge gekennzeichnet. Wir stoßen hier auf das gleiche Verfahren wie bei der Leitfigur des Duetts »Domine Deus«, die ebenfalls, wie wir sahen, stets von ein und derselben und zudem den Oktavraum betonenden Continuofigur begleitet wird. Die auf das Leitbild folgenden fünf weiteren Töne sind nur ein Nachklang, gleichsam ein ständig mitgehender Schatten, während die Hauptaussage dann jeweils auf den Continuo übergeht. Auch dessen Tonfolge ist symmetrisch, wenn auch nicht streng, und umspannt sogar eine Duodezime.

Infolge der eigentümlichen Besetzung dieser Arie ragt die Leitfigur des Horns bestimmend heraus, sie ist also — man mache sich das bewußt — rein instrumentaler Natur und somit ein besonders anschauliches Beispiel dafür, daß bei Bach der instrumentale Bereich über eigene Aussagemöglichkeiten verfügt. In musikalischer Hinsicht hat diese Figur insofern wesentliche Bedeutung auch für den Gesamtablauf der Arie, als man jede Weiterführung der Hornstimme als Fortentwicklung jener Figur ansehen kann, und erst bei den dabei auftretenden Koloraturen finden auch Begegnungen mit der Singstimme statt; denn diese Koloraturen charakterisieren die Worte »solus« und vor allem »Dominus«. Wie im übrigen die Singstimme für die Hervorhebung einzelner Textstellen sorgt, braucht nicht besonders erläutert zu werden; es wird dies vor allem im Mittelteil, wo der Baß beim Wort »altissimus« mehrfach bis zum e' geführt wird, unmittelbar deutlich.

Bereits in den Schlußakkord dieser Arie fällt der Einsatz des Chores »Cum Sancto Spiritu«. Mit ihm schließen nicht nur der Laudamus-Zyklus, sondern zugleich das gesamte Gloria und somit auch die Missa ab. Daher bietet Bach mit dem fünfstimmigen Chorsatz (dem dritten fünfstimmigen nach dem Kyrie I und dem Gloria in excelsis Deo) und dem gesamten Instrumentarium alle ihm zur Verfügung stehenden Mittel für die Gestaltung eines überwältigenden Lobpreises auf. Der besonderen Leuchtkraft der Trompeten, die sich vielfach in sinnbildlichen Dreiklangsfiguren ergehen, fällt dabei ein hervorragender Anteil zu. Chor, Baß- und Continuo-Instrumente sind durch zahlreiche symbolische Oktavsprünge, die auf die Majestät Gottes deuten, gekennzeichnet (vgl. Takt 5 ff., 13 ff., 25 ff. u. ö.).

Der gewaltige Satz ist fünfteilig, der erste, meist vollstimmig ausgeführte Teil reicht bis zum Takt 37; es folgt im zweiten Teil bis zum Takt 64 eine A-cappella-Chorfuge mit dem Continuo, während der anschließende Mittelteil (Takt 64—81) wieder vollstimmig ist und dem ersten entspricht. Im vierten, bereits im Takt 80 beginnenden Teil findet noch einmal eine Fugenentwicklung statt, die im Vergleich zum zweiten Teil jedoch wesentlich gedrängter ist. Nur der zuerst einsetzende Sopran I bringt das vollständige Thema, jetzt sehr nachdrücklich im unisono mit sämtlichen Holzbläsern (außer Fagott I und II) sowie mit Violine I, bevor die übrigen Vokalstimmen ab Takt 80, nun gleich in Engführung, dazukommen. Jetzt werden auch die restlichen Streichinstrumente und schließlich ab Takt 91 Fagott I und II beim hier erst erfolgenden Themeneinsatz des Basses beteiligt. Man spürt, daß der Bewegungsdrang gegen Ende des Satzes ständig zunimmt. Zwar beginnt der fünfte und letzte Teil erst im Takt 112, aber einen Takt vorher kündigen die Trompeten seinen Beginn bereits an; er führt dann bis Takt 128 in einem geradezu ausgelassenen Jubel zum Abschluß. Die letzten sieben Takte werden durch die Trompete I gekrönt, die sich im Takt 125/26 nach vorangegangenen und vor anschließenden Sechzehntel-Läufen (Takt 122—24 und 127) in den folgenden Tönen förmlich überstürzt (man vergleiche die noch viel gemesseneren entsprechenden Takte 34—35):

Dieser Chor ist mit seinem Wechsel von Vollstimmigkeit und Teilbesetzung ein Konzert mit Ripieno (a) und Concertino (b) in der Folge a—b—a'—b'—a''. Damit braucht nicht gesagt zu sein, daß das Concertino (b) von den Singstimmen solistisch wiedergegeben werden sollte; denn die b-Glieder heben sich durch die A-cappella-Besetzung bzw. durch das Colla-parte-Mitgehen von Instrumenten ohnehin heraus.

Wichtig ist noch die Beobachtung, daß der symmetrischen Anlage dieses Chores keine gleichen Größenordnungen entsprechen. Die Gesamtzahl der Takte verteilt sich vielmehr folgendermaßen: 37—27—17—31—17. Die Länge der Glieder a einerseits sowie a' und a'' andererseits ist also verschieden, und auch die zweite Fugenentwicklung (b') umfaßt trotz der Engführung mehr Takte als die erste (b). In alledem zeigt sich, daß die Symmetrie der Anlage nichts Starres an sich hat, sondern daß der Chor vielmehr von zunehmender Intensität bestimmt wird. Diese bewirkt einesteils eine Verkürzung der Glieder a' und a'' gegenüber a, umgekehrt aber eine, wenn auch nicht wesentliche Verlängerung von Glied b' gegenüber b, da hier die Steigerung durch die Colla-parte-Führung von fünf unisono mitspielenden Instrumenten erzielt wird.

Schließlich sei noch ein Blick auf die Textbehandlung in diesem Chor geworfen! Es sind vor allem die zentralen Worte »Gloria« und »Patris«, die besonders hervorgehoben werden. Da diese im liturgischen Text fast unmittelbar aufeinander folgen (nur das Wort »Dei« steht dazwischen), geschieht dies, damit jedes Wort für sich zur Geltung kommt, völlig gegensätzlich. Während das Wort »Patris« verschiedentlich über mehrere Takte hinweg in vier- und fünfstimmigen Akkorden — womöglich, wenn es sich um drei Takte handelt, mit Ausweitung auf den mittleren — ausgehalten wird (vgl. z. B. Takt 13—15: A-dur — fis-moll — A-dur) und wie ein Strahlenglanz leuchtet, wird das Wort »Gloria« in den a-Abschnitten durch ausgedehnte Sechzehntelläufe veranschaulicht. In diesem Zusammenhang verdienen die Takte 21—24 und 116—122 ganz besondere Aufmerksamkeit; in ihnen wird das Wort »Gloria« geradezu einzigartig in einen Ablauf von vier oder gar fünf gleichzeitig erklingenden Sequenzen eingebaut und stufenweise aufwärts geführt. Auch im Fugenthema bekommt dieses Wort, wiederum in Gestalt einer Sequenz, den Hauptanteil in dessen Mitte. Im Themenkopf wird das Wort »Sancto« durch einen Quart- oder Quintsprung aufwärts hervorgehoben (je nach dem, wie es sich satztechnisch ergibt) und danach das Wort »Spiritu« durch eine kleine Sechzehntelbewegung verdeutlicht; die Unterstreichung der Worte »Dei Patris« bleibt indes den a-Abschnitten überlassen. Das Wort »Amen« schließlich, das im Thema nur angedeutet wird, kommt erst bei der kontrapunktischen Fortspinnung in langen Sechzehntelketten zur Geltung.

Nur an einer einzigen Stelle dieses Schlußchores, nämlich beim Beginn von a', erfolgt eine kurze instrumentale Unterbrechung (Takt 64—67), der nach einem Einwurf des Chores in Takt 70/71 noch fünf Viertel bloßer Instrumentalmusik folgen; beides dient zur Vorbereitung auf das gleich danach fünfstimmig homophon einsetzende »Amen«. Dieses wirkt um so nachdrücklicher, als es nicht am Ende, sondern am Beginn eines Teils steht, zumal das »Amen« in den a-Abschnitten sonst nicht hervortritt, mit Ausnahme lediglich der letzten zwölf Takte. Hier wird es in die Krönung des Jubels, ganz besonders in der Stimmführung von Sopran II, mit einbezogen.

Der etwas genauere Einblick in den Aufbau dieses wahrhaft überwältigenden Chores möge helfen, von seinem überirdischen Glanz etwas zu spüren.

*

Wie hoch Bach selbst den Gloria-Zyklus der h-moll-Messe, nicht zuletzt die abschließende Doxologie, eingeschätzt hat, zeigt deren Wiederverwendung zusammen mit dem Eingangschor und dem Duett »Domine Deus« in der Kantate 191, in der er diese drei Stücke in einer Festmusik für den ersten Weihnachtstag vereinigt hat. Hier ist demzufolge das »Gloria in excelsis Deo et in terra pax hominibus« nicht als Teil des »Ordinarium Missae«, sondern als Musik im Anschluß an die Lesung des Evangeliums, für die Stelle also, an der die sonn- und festtägliche Kantate bzw. deren erster Teil, falls sie wie im vorliegenden Fall zweiteilig war, bestimmt; denn über dem Duett steht in BWV 191 »Post Orationem«, d. h. nach der Predigt, wo dann der zweite Teil der Kantate musiziert wurde. Während Bach das »Gloria in excelsis Deo« bei dieser Wiederverwendung nahezu unverändert übernahm, hat er die beiden anderen Stücke neu textiert und zwar mit den Worten des sogenannten »Kleinen Gloria«, dem »Gloria Patri et Filio et Spiritui Sancto...«, wobei dem abschließenden Chor der Text von »sicut erat in principio« ab zufiel. Hier handelt es sich also um Parodierungen der beiden Stücke aus der h-moll-Messe, und tatsächlich ergab sich mit der Neutextierung zugleich die Notwendigkeit stärkerer Umgestaltung. Dem ursprünglichen Glanz beider Sätze wurde dadurch freilich nichts genommen. Vielmehr zeigt sich bei der Kantate 191, wie auch Einzelteile der h-moll-Messe sinnvoll im Gottesdienst oder im geistlichen Konzert verwendet werden können. (Neuausgabe von BWV 191 in NBA I/2, herausgegeben von Alfred Dürr, desgleichen der Kritische Bericht mit genauer Darstellung der Abweichungen der Parodien vom Urbild; beides Kassel 1957.)

Das Credo (Symbolum Nicenum)

Die Gesamtanlage

Bei dem Credo der h-moll-Messe hat heute auch der interessierte Laie eine hervorragende Möglichkeit, anhand der Faksimile-Ausgabe der autographen Partitur einen Blick in Bachs Werkstatt zu tun, und wir meinen, daß er sich dies nicht entgehen lassen sollte; kann doch ein solches Bemühen dazu dienen, etwas von den innersten Intentionen der schöpferischen Tätigkeit Bachs zu erkunden. Beim Credo unseres Werkes zumal ist ein solcher Einblick aufschlußreicher als bei irgendeinem der anderen Teile der Messe; denn bei seiner Inangriffnahme muß Bach den entscheidenden Schritt zur Verwirklichung seiner Absicht, eine »Missa tota« zu schaffen, getan haben (vgl. den Abschnitt über die Entstehungsgeschichte des Werkes Seite 12). Es wird sich in der späteren Einzelbetrachtung folgerichtig zeigen, daß das Credo der geistig-künstlerischen Konzeption nach den Höhepunkt der Messe bildet.

Als Text liegt wie üblich das sog. Nizänische Glaubensbekenntnis (Bach überschreibt es mit »Symbolum Nicenum«) zugrunde, dessen Ursprung auf die altkirchlichen Konzilien von Nicaea (325) und Konstantinopel (381) zurückgeht und daher im vollen Wortlaut »Nicaeno-Constantinopolitanum« heißt. Der autographen Partitur kann man entnehmen, daß Bach das Credo ursprünglich in folgende acht Sätze gegliedert hatte: Credo in unum Deum — Patrem omnipotentem — Et in unum Dominum Jesum Christum — Crucifixus — Et resurrexit — Et in Spiritum Sanctum — Confiteor unum baptisma — Et exspecto resurrectionem mortuorum. Es fehlte also gegenüber der endgültigen Fassung der Chor »Et incarnatus est«, dessen Text er zunächst mit in das vorausgehende Duett »Et in unum Dominum Jesum Christum« einbezogen hatte. Das läßt sich in der autographen Partitur genau verfolgen; denn hier steht das Duett noch mit seiner ursprünglichen Textierung. Bach hat aber am Schluß des Credo die beiden Vokalstimmen des Duetts noch einmal mit der neuen Textunterlegung eingetragen. Dabei änderte er die Noten nur, soweit es der Wortsinn wünschenswert erscheinen ließ und die Deklamation es erforderte. Der Instrumentalpart blieb jedoch unverändert, so daß sich bei diesem eine nochmalige Niederschrift erübrigte; denn die Partitur war ja lediglich für Bach selbst als sein persönliches Handexemplar und darüber hinaus nur als Vorlage für das Ausschreiben von Aufführungsmaterial bestimmt. Den neu komponierten Chor »Et incarnatus est« aber schrieb er auf ein Einzelblatt, das nicht zur ursprünglichen Papierlage gehörte und das er nachträglich in die Partitur einfügte.

Was mag Bach zu dieser einschneidenden Änderung bewogen haben? Die Frage wiegt um so schwerer, als das Duett auf seine ursprünglich vier Textzeilen hin sinnvoll angelegt war; diese Anordnung aber mußte bei der neuen, gestreckten Textunterlegung nur noch zufällig erscheinen, und es mußte ferner die ursprüngliche Entsprechung zur ebenso angelegten Arie »Et in spiritum sanctum« verloren gehen. Bach hat dies jedoch um der Verwirklichung einer übergreifenden Idee willen in Kauf genommen; diese aber lag in einer symmetrischen Gesamtanlage, in deren Mittelachse nunmehr der Crucifixus-Chor zu stehen kam.

Bevor wir uns diese Anlage in ihren Einzelheiten vergegenwärtigen, soll noch etwas zur Frage nach dem Zeitpunkt der Einfügung dieses zusätzlichen Chores gesagt werden. Eine sichere Antwort ist zwar nicht möglich, da das originale Stimmen-Material fehlt, ja vielleicht nie existiert hat (vgl. Seite 13 f.); jedoch wird man mit großer Wahrscheinlichkeit annehmen dürfen, daß die Umgestaltung noch während der Arbeit am Credo und nicht erst zu einem späteren Zeitpunkt, womöglich nach einer praktischen Erprobung des Werkes, erfolgt ist; denn Bach hat auf die danach noch entstandenen letzten Stücke der Messe von Osanna bis Dona nobis pacem nicht mehr die gleiche Hingabe verwendet wie auf das Credo, so daß es schwer vorstellbar ist, daß das »Symbolum Nicenum« erst nach der Fertigstellung des Gesamtwerkes seine endgültige Gestalt erhalten haben soll.

Die Skizze auf der folgenden Seite mag die nunmehr neungliedrige Anlage des Credo vor Augen stellen. Sie zeigt, daß im Brennpunkt der Anlage jene drei Chöre stehen, die die zentralen Aussagen des zweiten Artikels über die Menschwerdung, Kreuzigung und Auferstehung Christi enthalten. Daß dabei der »Crucifixus« (und nicht der auferstandene »Christus triumphans«) in der Mittelachse erscheint, entspricht lutherischer Tradition; auf jedem Altar einer lutherischen Kirche steht das Bild des Gekreuzigten. Auch der Chor »Qui tollis

{ Chor a cappella: Credo in unum Deum   Et exspecto resurrectionem: Tutti-Chor
{ Tutti-Chor: Patrem omnipotentem   Confiteor unum baptisma: Chor a cappella }

2. Artikel. Duett: Et in unum Dominum   Et in Spiritum Sanctum: Arie. 3. Artikel

⟶   Chor: Et incarnatus est   Et resurrexit: Chor ⟶

Crucifixus

Chor

peccata mundi« ist im Laudamus-Zyklus das zentrale Mittelstück (vgl. Seite 34). Vor bzw. nach den drei genannten Chören des Credo stehen als korrespondierende Glieder die beiden einzigen solistischen Stücke: Das Duett »Et in unum Dominum Jesum Christum«, der Beginn des zweiten Glaubensartikels, und die Arie »Et in Spiritum Sanctum«, der Beginn des dritten Glaubensartikels. Daß bei beiden Stücken die Wahl der Form wiederum symbolisch zu verstehen ist, die des Duetts wie beim Christe eleison in der Missa und beim Domine Deus im Laudamus-Zyklus als Hinweis auf den zweiten Artikel und die der Arie als Sinnbild der Einheit von Gott Vater und Gott Sohn im Heiligen Geist wie bei den Arien im Laudamus-Zyklus, bedarf keiner Begründung mehr. Über den neutextierten Nachtrag zum Duett schreibt Bach: »Duo Voces Articuli secundi« (siehe die Abbildung!), wobei ihm freilich ein grammatischer Fehler (»Duo« statt »Duae«) unterlaufen ist.

Duo Voces Articuli 2ⁱ .

Schließlich wird der fünfgliedrige Mittelteil des Credo von zwei Eckpfeilern am Anfang und Schluß flankiert. Beide bestehen aus der Kombination von zwei Chören, von denen jeweils der erste ein allein vom Continuo begleiteter A-cappella-Satz ist. Wie bewußt hier Bach eine architektonisch-symmetrische Großform angestrebt hat, zeigt die Wiederaufnahme und Fortführung eines liturgischen Cantus firmus im zweiten A-cappella-Chor »Confiteor unum baptisma«, den er bereits im ersten, im »Credo in unum Deum«, verwendet hat. Unübersehbar ist dabei die auch textliche Entsprechung der Eckpfeiler durch die Begriffe »Unum Deum« im ersten und »Unum baptisma« im zweiten A-cappella-Chor; sie haben Bachs kompositorische Planung in Analogie zu den Arien »Laudamus te« und »Tu solus sanctus« zweifellos entscheidend bestimmt.

Jedoch nicht nur an der Besetzung, sondern auch an der Wahl der Ton- und Taktarten wird Bachs symmetrischer Gestaltungswille erkennbar. Aufgrund der bisherigen Beobachtungen versteht es sich, daß die Eckpfeiler in D-dur stehen, freilich jeweils nur der vollbesetzte zweite Chor, der in beiden Fällen doxologischen Charakter hat. Der A-cappella-Satz am Anfang steht in der überhöhenden Dominanttonart A-dur mit mixolydischen Anklängen (wiederholtes Vorkommen von g statt gis) und das korrespondierende Confiteor in der Paralleltonart zu A-dur, dem ebenfalls überhöhenden fis-moll. Wie die beiden anderen Duette der Messe ist auch das im Credo am Anfang des zweiten Artikels vorkommende in G-dur gesetzt, der Tonart der Subdominante zur Grundtonart D-dur, zum Zeichen der Erniedrigung, der Menschwerdung Gottes. Umgekehrt steht die Arie zu Beginn des dritten Artikels in der Tonart der wiederum überhöhenden Oberdominante A-dur als Hinweis auf die Einheit von Gott Vater und Gott Sohn im Heiligen Geist. In den drei Chören der Mittelgruppe korrespondieren Et incarnatus est und Et resurrexit; der erste steht in h-moll, der andere in D-dur. Ein etwas älterer Zeitgenosse und Landsmann Bachs, der Erfurter Organist Johann Heinrich Buttstedt (1666—1727), hat in seiner Schrift *Ut mi sol re fa la, tota musica et harmonia aeterna* ausdrücklich den Dur-Dreiklang (ut mi sol) als Gleichnis für die göttliche Person Christi und den Moll-Dreiklang (re fa la) als Gleichnis seiner menschlichen Person gedeutet, da dieser die Umkehrung des ersteren (erst kleine Terz, dann große) ist. Im folgenden Titelbild seiner Schrift veranschaulicht Buttstedt diese Gleichnishaftigkeit durch zwei aufeinanderliegende, gleichseitige Dreiecke, das eine mit der Spitze nach oben, das andere mit der Spitze nach unten, so daß sie einen sechseckigen Stern ergeben (vgl. die Abb. auf Seite 57).

Bach hat von dieser Anschauung her nicht nur die Tonartenwahl für die beiden genannten Chöre getroffen, sondern von daher sogar die vorherrschende Stimmführung vorgenommen, nämlich absteigende Moll-Dreiklangsbrechungen im Et incarnatus- und aufsteigende Dur-Dreiklänge im Et resurrexit-Chor. Der zentrale Mittelchor schließlich symbolisiert mit der Tonart e-moll, der Unterdominante von h-moll, die tiefste Erniedrigung. So ergibt sich für die Tonartenordnung des Credo folgendes Bild:

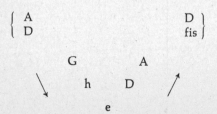

Das Titelbild zu Heinrich Buttstedts Schrift UT, MI, SOL, RE, FA, LA, tota Musica et Harmonia Aeterna ..., Erfurt 1716.

Diese Tonartenfolge umfaßt — nicht zufällig — Tonika, Subdominante und Dominante der Grundtonart D-dur sowie deren Paralleltonarten. Damit ist ein Bild musiktheoretischer Totalität entworfen, das zugleich in einem doppelten Sinne Symbol für die göttliche Totalität ist, zum einen für die Allmacht Gottes in der Schöpfung, auf der der Tonartenkosmos wie jedes wahrhafte musikalische Schaffen beruht, und zum andern für die christliche Heilsgeschichte, die von dem göttlichen Schöpferwillen unabtrennbar ist und als *Analogia entis*, d. h. als Entsprechung von naturhaft kosmischem und heilsgeschichtlichem Sein, verstanden wird. Wenn J. H. Buttstedt im Untertitel seiner Schrift Dur- und Moll-Dreiklang als *Tota musica et Harmonia aeterna oder Neu eröffnetes altes, wahres, einziges und ewiges Fundamentum musices* bezeichnet, dann ist dies in diesem doppelten Sinne als Abbild sowohl der Schöpfung als auch der Heilsgeschichte Gottes gemeint; von beidem aber handeln die Artikel des christlichen Glaubensbekenntnisses.
Schließlich unterstreichen auch die Taktarten die geordnete Folge der einzelnen Sätze. Die beiden A-cappella-Sätze greifen den altehrwürdigen Alla-breve-Takt auf, der freilich nur — aus nicht recht begreiflichem Grunde — im Satz »Credo in unum Deum« wie im Kyrie II der Missa und im »Gratias agimus tibi« des Laudamus-Zyklus als solcher, nämlich als $\frac{1}{2}$-Takt, notiert ist (die Brevisnote ist die doppelte ganze Note), während Bach im »Confiteor« $\frac{2}{2}$-Takt schreibt, obwohl es sich gerade hier um einen ausgeprägten Alla-breve-Rhythmus handelt. Die beiden jeweils anschließenden doxologischen Chöre folgen dann im schnelleren Vivace e Allegro. Das Duett steht wie die beiden anderen Duette der Messe im meßbar rationalen $\frac{4}{4}$-Takt, die korrespondierende Arie hingegen im überirdisch schwebenden $\frac{9}{8}$-Takt. In der zentralen Mitte bedingt die angewandte Dreiklangsymbolik $\frac{3}{4}$-Takt in den Chören »Et incarnatus est« und »Et resurrexit«. Um beiden gegenüber das von ihnen eingeschlossene »Crucifixus« auch rhythmisch abzuheben, setzt Bach dieses in einen schweren $\frac{3}{2}$-Takt und gibt damit dem Chor, um den das gesamte Credo zentriert ist, auch vom Rhythmus her ein besonderes Gewicht. So ist auch die Taktartenfolge des Credo das Bild einer überaus sinnvollen Ordnung, wie die folgende Skizze zeigt (wir kennzeichnen das Confiteor im Hinblick auf die enge Verwandtschaft mit dem Credo in unum Deum mit $\frac{4}{2}$-Takt zur Unterscheidung von

dem abschließenden »Et exspecto«, obwohl Bach beide Ecksätze am Schluß im $\frac{2}{2}$-Takt notiert):

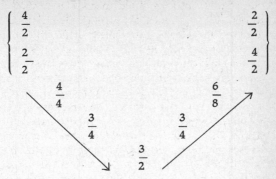

Exkurs über die Symmetrieform

Die Symmetrieform ist im gesamten Schaffen Bachs sowohl bei Satzkombinationen wie bei der Anlage einzelner Sätze (vgl. den Chor »Cum Sancto Spiritu«) und schließlich beim Aufbau einzelner Tonfiguren (vgl. die Leitfigur bei der Arie »Quoniam tu solus sanctus«) ein häufig gebrauchtes künstlerisches Gestaltungsmittel; jedoch hat er es in keinem zweiten seiner Werke so tiefsinnig angewandt wie im Credo der h-moll-Messe. Allein von dieser Erkenntnis her gewinnt der nachträgliche Einbau des Chores »Et incarnatus est« seine Erklärung und seine besondere Bedeutung. Es mag daher angebracht sein, an dieser Stelle grundsätzlich etwas über die Symmetrieform und ihre Verwendung in der Musik zu sagen.

Symmetrische Gestaltung ist ein Grundelement der barocken Architektur, d. h. ein Mittel der Raumgestaltung, die man bei Einnahme des rechten Standorts mit einem Blick wahrzunehmen vermag. Der Prototyp dafür war das Versailler Schloß, nach dessen Vorbild in der ersten Hälfte des 18. Jahrhunderts in Deutschland zahlreiche barocke Residenzen gebaut worden sind. Das mag das 1710 begonnene Schloß der Waldecker Fürsten zu Arolsen, dessen »Grundriß in auffälligerer Weise als sonst bei einem deutschen Schloßbau dem des Versailler Schlosses folgt« (Dehio), veranschaulichen (genau um die gleiche Zeit entstand übrigens nach demselben Vorbild das Schloß Friedrichsthal zu Gotha, das Bach zweifellos, vor allem von Weimar aus, öfters gesehen hat).

Hier wird ein prunkvoll ausgestatteter zentraler Mittelbau von vorgerückten Seitenflügeln, die mit dem Mittelbau durch Zwischenglieder verbunden sind, flankiert. Bis in Einzelheiten hinein ist ein solcher Bau mit der Anlage des Credo der h-moll-Messe vergleichbar. Und doch besteht ein entscheidender Unterschied. Musik ist ihrem Wesen nach nicht Raum-, sondern Zeitgestaltung. Sie ist nicht statisch hingesetzt wie ein Bauwerk, sondern sie wird vollzogen und muß immer erneut nachvollzogen werden, wenn sie wahrgenommen werden soll. Diese Wahrnehmung aber erfolgt nicht — im wahren Sinne des Wortes — in einem Augenblick, sondern im Miterleben eines musikalischen Vollzugs und Ablaufs. Bedeutet dies nicht, daß die Übernahme einer Gestaltungsform der Architektur wie der Symmetrieform in den Bereich der Musik als Anwendung eines sachfremden Prinzips anzusehen ist? Diese Frage stellt sich, wo immer im musikalischen Kunstwerk die Symmetrieform in Erscheinung tritt. Es ist jedoch ein Wesensmerkmal hoher Kunst, wenn man diese Frage bei irgendeinem Werk verneinen kann. Beim Credo der h-moll-Messe ist dies nicht nur möglich, sondern geradezu notwendig; denn die symmetrische Ordnung ist hier tatsächlich wahrnehmbar. Das trifft auf die Entsprechung der Außenglieder ebenso zu wie auf die Beschränkung der neungliedrigen Form auf zwei miteinander korrespondierende solistische Stücke, die den Beginn des zweiten und dritten Artikels anzeigen. Und es trifft dies insonderheit auf die zentrale Mitte des Werkes, den Crucifixus-Chor, zu. Das alles ist tatsächlich im zeitlichen Ablauf als musikalische Architektur wahrnehmbar. Freilich hemmt die Anwendung von symmetrischer Gestaltung nicht die vorwärtsdrängende Bewegung, von der das musikalische Kunstwerk vor allem lebt. Das zeigt sich z. B. an den verschiedenen Längen der entsprechenden Glieder des symmetrisch gestalteten Chores »Cum Sancto Spiritu«. Die Symmetrieform kann in der Musik, wenn sie nicht wesensfremd erscheinen soll, nicht statisch starr verwendet werden, sondern muß immer variabel bleiben.

Worin aber besteht der tiefere Sinn der Symmetrieform? Darin, daß sie ein Weltbild offenbart, daß sie über die begrenzte empirische Welt einer in sich selbst ruhenden Endlichkeit hinausweist in die transzendente göttliche Welt. Bei einer barocken Residenz geschieht dies im Hinblick auf die von Gott gesetzte weltliche Obrigkeit, die im »Princeps Dei gratia«, dem Fürsten

Die Waldeckische Residenz zu Arolsen
Luftaufnahme Schöning & Co + Gebrüder Schmidt, Lübeck
Gen. Nr. SH 20203

von Gottes Gnaden, repräsentiert wird, in der h-moll-Messe aber in der Ausrichtung auf den »Crucifixus«, der nach christlichem Verständnis die höchste und vollkommenste Offenbarung Gottes ist.

Diese Konzentrierung der musikalischen Gestaltung auf den Gekreuzigten, wie sie in der Satzfolge sowohl des Laudamus wie des Credo erfolgt ist, hat eine überraschende Parallele in dem Marmor-Altar der Leipziger Thomaskirche, der 1721 bei der barocken Umwandlung des Chores der Kirche von Johann Maria Fossati und Johann Jakob Irminger fertiggestellt worden ist. Bis in Einzelheiten hinein sind beide Zyklen der h-moll-Messe auch mit diesem vergleichbar: Der von Friedrich Löbelt für diesen Altar geschnitzte und in Gold gefaßte, jedoch kleine Crucifixus nimmt in dessen Gesamtbild nur einen geringen Raum ein. Dennoch lenkt er den Blick infolge seiner zentralen Stellung unausweichlich auf sich. Er steht — sowohl horizontal wie vertikal betrachtet — in der Tiefe und wird flankiert sowie zugleich überragt von den weiter nach vorn tretenden, in Pfeiler gegliederten mächtigen Rahmenteilen. Während diese oben durch Ornamente geziert sind, steht dazwischen hoch über dem Crucifixus das von einem goldenen Strahlenkranz umgebene Dreieinigkeitssymbol. Welcher Kontrast zwischen dem kleinen Kruzifix und dem großen Gesamtbild, in dem die Darstellung der göttlichen Herrlichkeit und des Leidens Jesu — völlig der h-moll-Messe entsprechend — zutiefst vereint sind! Nur darin ist ein Unterschied: Bei dem Werk der bildenden Kunst wird alles, was dieses aussagt, gleichzeitig wahrgenommen; in der musikalischen Schöpfung ist dies jedoch nur in der zeitlichen Folge der Wiedergabe, im Nacheinander möglich. So wird die Majestät Gottes, die den Altar der Thomaskirche bildhaft krönt, in den Zyklen der h-moll-Messe vor allem in den Eckpfeilern musikalisch bezeugt. (Heute befindet sich von dem 1721 errichteten Altar nur noch das Kruzifix in der Thomaskirche, das jetzt gegenüber der Predigtkanzel steht. Siehe Abb. Seite 65.)

Credo in unum Deum

Patrem omnipotentem

Dem ersten Chor des Credo liegen lediglich die aus sieben Silben bestehenden vier Worte »Credo in unum Deum« zugrunde. Mit ihnen führt Bach eine siebenstimmige Fuge mit folgendem siebenköpfigem Thema durch:

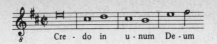
Cre - do in u - num De - um

Dieses Thema ist der Anfang einer mittelalterlichen gregorianischen Credo-Weise, die auch in der lutherischen Liturgie im Gebrauch geblieben ist und somit gemeinsames konfessionelles Gut darstellt. Schon Michael Praetorius z. B. hatte sie mehrstimmig bearbeitet, und Bach selbst kannte sie aus dem Leipziger Gesangbuch des Gottfried Vopelius von 1682. Da nun eine siebenstimmige Vokalfuge im Hinblick auf die Begrenzung des menschlichen Stimmenumfangs nicht durchführbar ist, nimmt Bach als zuletzt einsetzende Stimmen zwei Violinen hinzu. Das Stück bleibt dennoch grundsätzlich ein A-cappella-Satz, als der er vorher bezeichnet worden ist; denn die Violinen haben keine konzertierende Begleitfunktion, sondern sind Bestandteil der siebenstimmigen Fuge. Als Instrumente wurden sie fraglos deshalb gewählt, weil ihr biegsamer und ausdrucksfähiger Ton der menschlichen Stimme am nächsten kommt.

Gleich der erste Takt des Satzes ist ein musikalisches Gleichnis: Völlig ohne instrumentale Stütze setzt der Tenor auf einer Brevis, der doppelten ganzen Note, ein, worauf ein Viertel später der Continuo unter diesem ausgehaltenen Ton mit sieben Tönen den Oktavraum durchläuft. Der Sinn dieses musikalischen Vorgangs ist unverkennbar: Der eine, ewige Gott — versinnbildlicht durch die allein einsetzende Brevis — erhebt die Stimme und stößt die Uhr der Zeit an. Sie nun beginnt zu gehen und umspannt und durchmißt das All, das durch den Oktavlauf des Continuo symbolisiert ist; denn der musiktheoretische Begriff für Oktave ist das griechische Wort *Diapason* und bedeutet »Durch das Ganze«. Der Schöpfer steht über der Fülle seiner Schöpfermacht, wobei die Zahl der sieben Töne sowohl an die sieben Schöpfungstage als auch an die göttliche Geistesfülle gemäß Offenbarung Johannis 1,4 erinnert:

Jedoch nicht nur der erste Takt ist ein Gleichnis, sondern darüber hinaus der Gesamtverlauf des Satzes. In der Fuge gibt es keine Zwischenspiele; es folgt in ihr Einsatz auf Einsatz, zunächst abwechselnd nach drei und zwei Takten auf e und a. Der ersten Durchführung schließt sich unmittelbar eine zweite an, in Engführung mit Erweiterung des harmonischen Bereichs und Einsätzen auch auf h, cis und fis, die die Intensität des Ablaufs zunehmend steigern (vgl. Takt 18, 21, 26 und 29 f.), bis der Baß ab Takt 33 das Thema über sieben Takte in Vergrößerung bringt; gleichzeitig lassen es im Takt 34 Sopran II und Alt in Sextenparallelen und — im Abstand einer Halben — der Sopran I vom Einsatzton cis aus folgen. Also eine vierfache Überlagerung des Themas! Insgesamt weist die Fuge 17 Einsätze auf, wenn man den gleichzeitigen von Sopran II und Alt in Sextenparallelen als einen zählt, was man wohl tun muß. So sind auch in der Durchführung der siebenstimmigen Fuge mit ihrem siebenköpfigen Thema und 17 Themeneinsätzen wie im gleichnishaften Takt 1 die Symbolzahlen eins und sieben vielfältig verschlüsselt. Wer die Bedeutung des *sacer septenarius* nicht nur in der barocken Musiktheorie, sondern allgemein in der Geistesgeschichte des 17. und 18. Jahrhunderts kennt, kann nicht daran zweifeln, daß Bach an dieser Vorstellungswelt Anteil hat und daß der Chor »Credo in unum Deum« sie besonders eindrucksvoll widerspiegelt. Begleitet wird die Fuge von dem pausenlos, ausschließlich in Vierteln mitgehenden Continuo. In zweimal acht Takten durchmißt er zunächst ostinatoartig den leitereigenen Tonraum, wobei lediglich ein gewisses Schwanken zwischen g und gis, das sich aus dem mixolydischen Cantus firmus ergibt, stattfindet. Danach wird aber auch im Continuo analog zu den Fugenstimmen der Tonraum zu den nächstverwandten Tonarten hin ausgeweitet. Allenthalben aber charakterisiert seine Stimmführung das unaufhörliche Durchmessen weiter Strecken; insgesamt bewegt er sich im Bereich von zwei vollen Oktaven zwischen D und d', wodurch unüberhörbar die Größe und Erhabenheit der Schöpfung anklingt. Es ist möglich, daß Bach bei der ursprünglichen Planung an einen Ostinato-Satz gedacht hat mit ständig gleichbleibender Baßfigur, wie es sich in den ersten 16 Takten zunächst zu ergeben scheint. So nämlich hat er eine Chorintonation gestaltet, die er in enger Verwandtschaft mit dem Beginn unseres Satzes zu einem Credo von Giovanni Battista Bassani († 1716) hinzukomponiert hat. Dies wäre dann ein Ausdruck unumstößlicher Naturgesetzlichkeit gewesen. Aber es ist Bach in der

Das im Jahre 1721 errichtete Altarmonument der Thomaskirche. (Nach einem Kupferstich von Johann Christoph Weigel, Stadtgeschichtliches Museum Leipzig.)

h-moll-Messe dann doch offenbar mehr um ein Abbild der göttlichen Majestät gegangen.

Da uns, wie gesagt, vom Credo kein originales Aufführungsmaterial überkommen ist und Bach in der autographen Partitur, wie meist, keine Generalbaßbezifferung eingetragen hat, wissen wir nicht, wie er sich die Ausführung des Continuos gedacht hat, d. h. ob sie mit dem Aussetzen von Akkorden verbunden sein sollte und wenn ja, in welchem Umfang dies zu geschehen hatte. Vielleicht hat er sich aber auch für den Beginn zumindest, was wir annehmen möchten, eine »tasto solo«-Stimme ohne Mitgreifen von Akkorden vorgestellt. Auf keinen Fall darf bei heutigen Aufführungen dem Eingangssatz des Credo durch zu starke und akkordreiche Ausführung des Continuos der A-cappella-Charakter genommen werden.

Der Chor »Credo in unum Deum« endet mit einem Halbschluß; es besagt dies, daß die Weiterführung des sich anschließenden vierstimmigen Tutti-Satzes »Patrem omnipotentem« unmittelbar erfolgen soll. Beide Teile des vorderen Eckpfeilers sind zudem textlich ineinander verschränkt; die Worte der vorangegangenen Fuge »Credo in unum Deum« werden im Chor »Patrem omnipotentem« wieder aufgegriffen. Bei diesem handelt es sich um eine Parodie des Eingangschores der Kantate BWV 171 *Gott, wie dein Name, so ist auch dein Ruhm*. In bewundernswerter Weise hat Bach hier jedoch durch weitgehende Umgestaltung im Grunde eine neue Komposition geschaffen. Auch dieser Satz ist als Fuge gestaltet, wobei dem Thema die Worte »Patrem omnipotentem, factorem coeli et terrae« (den allmächtigen Vater, Schöpfer Himmels und der Erden) unterlegt sind, während die weiteren Worte dieses Chores »visibilium omnium et invisibilium« (alles dessen, was sichtbar und unsichtbar ist) stets nur beim begleitenden Kontrapunkt und in den Zwischenabschnitten auftreten. Im Takt 1 beginnt der Baß mit dem Fugenthema; dazu rufen die drei übrigen Stimmen in homophonen Blöcken die Worte »Credo in unum Deum« in Erinnerung. Dies wiederholt sich in Takt 6–8 und 10–12; jedoch beginnen in Takt 7 und 11 die nächsten Themeneinsätze von Tenor und Alt, so daß die Stimmenzahl bei den folgenden Einwürfen reduziert wird und beim dritten nur noch der Sopran die Worte »in unum Deum« singt. In der Fugenexposition durchläuft der Continuo in langen Achtelketten unentwegt große, eine Oktave und mehr umspannende Tonräume, bis er in Takt 25 in den Schluß des vom Baß wiederholten Fugenthemas einmündet. Auch hierbei handelt es sich um Andeutungen der majestätischen Schöpfermacht Gottes. Von den Instrumenten sind zunächst nur die Oboen und Violinen beteiligt, bis in Takt 29 die Trompete I in hoher Lage als fünfte Stimme das Fugenthema bringt. Mit Takt 47 beginnt eine zweite Durchführung der Fuge, dieses Mal in Engführung und mit dem Sopran beginnend, so daß nur einmal von den drei Unterstimmen der homophone Einwurf »Credo in unum Deum« möglich ist, der danach nur noch ein weiteres Mal allein vom Baß in Takt 48—50 erfolgt. Takt 64 bringt bei dieser zweiten Durchführung den letzten Themeneinsatz im Sopran unmittelbar vor dem Eintritt aller drei Trompeten sowie der Pauken in den Stimmenverband. Dieser ist dann der Beginn des 20 Takte umfassenden Abschlusses, der in zunehmender Steigerung vor allem durch bildhaft lange Notenketten auf die erste Silbe des Wortes »omnium« (von allem) gekennzeichnet ist.

Nach der durchgeistigten Hintergründigkeit des ersten Credo-Chores ist dieser zweite nichts anderes als eine unbeschwerte, jubelnde Doxologie. Bach hat am Ende dieses Satzes die Zahl der Takte 84 vermerkt. Ein seltener Fall, der uns erkennen läßt, wie bewußt er offenbar mit bestimmten Zahlen umgegangen ist! 84 ist das Produkt von sieben mal zwölf, also von zwei grundlegenden Symbolzahlen; so mag auch hier mit der Länge dieses zweiten Chores die Fülle göttlicher Weisheit und Vollkommenheit gemeint sein.

Et in unum Dominum Jesum Christum

Die Form des Duetts, die Unterdominanttonart G-dur und der Viervierteltakt sind auch in diesem Duett — es wurde bereits auf Seite 55 darauf hingewiesen — wie bei den beiden vorangegangenen der Messe im Hinblick auf den hier beginnenden zweiten Glaubensartikel gewählt. Mit dem Duett »Domine Deus« verbindet »Et in unum Dominum« darüber hinaus eine das ganze Stück charakterisierende Leitfigur, die wie dort zu Beginn aller Abschnitte wiederkehrt (Takt 1 f., 14 f., 28 ff., 42 ff. und 63 f.). Sie lautet in der Grundform folgendermaßen:

Dieses Thema tritt nie allein in einer, sondern stets in zwei Stimmen und zwar in kanonischer Folge sowie, bei instrumentaler Ausführung- mit wechselnder Phrasierung auf:

Bereits in der ersten Hälfte des 19. Jahrhunderts hat einer der frühesten Bachforscher, Johann Theodor Mosevius, die Sinnbildlichkeit dieses Themas erkannt, und ein paar Jahrzehnte später hat Philipp Spitta hierüber folgendes gesagt: »Überall, wo der Hauptsatz von den Instrumenten gebracht wird, läßt Bach im ersten Takt die letzten Achtel von der vorspielenden Stimme stoßen, von der nachfolgenden binden ... Die Absicht dieses konsequent durchgeführten Verfahrens kann nur sein, die imitierende Stimme schon im Gleichklang durch einen etwas verschiedenen Ausdruck von der anderen abzuheben, also selbst hier bereits eine gewisse persönliche Verschiedenheit in der Wesenseinheit anzudeuten« (Ph. Spitta, *J. S. Bach* II, Leipzig 1880, Seite 531 f.). Ausführlich hat Arnold Schmitz das Duett wie folgt beschrieben:

» In diesem Zusammenhang noch ein Wort zu dem Duett ›Et in unum Dominum‹ aus der h-moll-Messe. Es steht auf der Grenze zwischen durchgeführtem Kanon und Figuralkanonik. In seinen vier Hauptabschnitten sprechen rhythmische Freiheiten, nicht unbeträchtliche eingestreute freiere Partien und vor allem der unerwartete und häufige Wechsel der Imitationsintervalle gegen den durchgeführten Kanon. Der 1. Abschnitt beginnt im Einklang und wechselt nach einem Takt in das Imitationsintervall der Unterquart; die Wiederholung der Worte ›et in unum Dominum Jesum Christum‹ erfolgt im Imitationsintervall der Unterterz. Der 2. Abschnitt ›et ex Patre natum‹ wechselt vom Einklang in die Unterquart und im 6. Takt in die Unterquint, der 3. hat den Wechsel Oktav, Oberquint, Einklang, Oberquint, Oberquart, der 4. Oberquint, Oberquart, Oberterz ... Die Hauptabsicht im Duett ist die Textverdeutlichung. Der Text des Glaubensbekenntnisses spricht an dieser Stelle von dem Hervorgehen (*processio*) des Sohnes aus dem Vater bei der Einheit im Wesen und der Eigenheit in der Person. Diese drei aufs engste miteinander verbundenen Momente, Hervorgehen, Einheit und Eigenheit, hätten musikalisch-allegorisch dargestellt werden können in einem streng durchgeführten Kanon mit dem gleichen Imitationsintervall, mit den gleichen Zeitabständen, ohne Rollenwechsel der Stimmen, beziehungsweise in streng durchgeführten Kanons, die nur zu Beginn der Hauptabschnitte, also zu Beginn eines neuen Kanons, die Imitationsintervalle etc. wechseln. Es liegt ja im Wesen des Kanons, daß die eine Stimme ganz aus der anderen hervorgeht, daß sie als Melodie die gleiche ist, daß aber dennoch die Stimmen real unterschieden bleiben, d. h. daß der Satz real mehrstimmig ist. Noch deutlicher wird Bach in der Textinterpretation dadurch, daß er einerseits die Einheit im Wesen gerade bei den Textworten ›Et in unum ‹, ›et ex Patre‹, ›Deum de Deo‹, ›Deum verum‹ durch die kanonische Führung der Stimmen im Einklang bzw. in der Oktav

bildhaft betont; andrerseits aber bringt er gerade durch den häufigen Wechsel der Imitationsintervalle die Eigenheit und Realität der beiden Singstimmen und damit bildhaft die Eigenheit der Personen der Auffassung näher, als wenn er ein- und dasselbe Imitationsintervall starr festgehalten hätte. Das ist nach beiden Richtungen hin Annäherung an die Figuralkanonik. Die starke Anschaulichkeit dieses Satzes, dessen Text das verborgenste Geheimnis des christlichen Glaubens aussagt, wird durch engste Verkoppelung von Kanon und Figuralkanonik erreicht. Dies ist wohl das großartigste Beispiel einer musikalischen Allegorie« (A. Schmitz, *Die Bildlichkeit der wortgebundenen Musik J. S. Bachs.* Mainz 1950, Seite 48 f.).
Auch in diesem Duett wird die Leitfigur wie bei »Domine Deus« zu ihrer Hervorhebung durch eine ständig mit ihr verbundene, einen Oktavraum umschreibende Tonfolge im Continuo begleitet.
Neuerdings ist festgestellt worden, daß diese Figur, wie sie auf Seite 68 oben mitgeteilt ist, bereits als Skizze in der autographen Partitur der Kantate BWV 213 *Hercules am Scheidewege* am Kopf jener Seite steht, auf der das Duett »Ich bin deine, du bist meine« dieser Kantate niedergeschrieben ist. Bach hat demnach mit einiger Wahrscheinlichkeit die Leitfigur unseres Duetts in einem ganz anderen textlichen Zusammenhang verwenden wollen, wenn diese nicht sogar einem früheren Werk entnommen ist. Er hat freilich den vermutlichen Plan bei der genannten Arie in der 1733 entstandenen »Hercules«-Kantate aus unbekanntem Grunde fallen gelassen, ihn dann aber in völlig neuer Weise in der h-moll-Messe verwirklicht. Es besteht jedoch auf alle Fälle die Möglichkeit, daß auch das Duett »Et in unum Dominum Jesum Christum« mindestens teilweise eine Parodie ist. Dadurch stellt sich aber die Frage: Schließt nicht eine solche, und sei es nur mutmaßliche, weltliche Herkunft der Leitfigur des Duetts und schließt nicht Bachs ursprüngliche, wenn auch nicht verwirklichte Idee, diese Figur in Verbindung mit dem Liebesliedtext »Ich bin deine, du bist meine« zu verwenden, die mitgeteilte trinitarische Symbolik im Duett aus? Gerade eine derartige Annahme wäre ein grundlegendes Mißverständnis. Die Deutung auf Einheit und Verschiedenheit von Gott Vater und Gott Sohn ist ja nur eine Möglichkeit der sinnbildlichen Interpretation des Leitbildes, die freilich für den Zusammenhang der h-moll-

Messe zwangsläufig ist. Für sich genommen aber und außerhalb eines bestimmten Zusammenhangs paßt dieses Bild zu dem gesamten Topos von unzertrennbarer und unauflöslicher Einheit und gleichzeitiger Verschiedenheit und kann darum auch bei einem Text wie »Ich bin deine, du bist meine« verwendet werden. So wie die Worte des Liebesliedes auch in der geistlichen Dichtung im Hinblick auf das Verhältnis von Mensch und Gott oder Jesus Christus vorkommen (man denke an Paul Gerhardts Strophe »Herr, mein Hirt, Brunn aller Freuden, du bist mein, ich bin dein, niemand kann uns scheiden« aus »Warum sollt ich mich denn grämen?«), so konnte in älterer Zeit auch ihre Vertonung hier wie dort gleich sein; einen stilistischen Unterschied von geistlicher und weltlicher Vertonung gab es da nicht. Darum wäre es falsch, wenn man sich durch die erwähnte Skizze von der Leitfigur des Duetts »Et in unum Dominum Jesum Christum« beirren ließe und ihre trinitarische Symbolik nicht für möglich hielte.

Das Duett gliedert sich in vier Hauptabschnitte, die jeweils rein instrumental eingeleitet werden, worauf ein neuer Textabschnitt beginnt. Die Einschnitte liegen bei den Takten 14, 28, 42 und 63. Die Leitfigur erscheint in Takt 14 und 28 auf der Dominante d'' (in Takt 30 jedoch schon wieder auf der Tonika, wie sie umgekehrt in der ersten Periode in Takt 5 bereits auf der Dominante gebracht wird), in Takt 42 auf h', der Dominantparallele (danach in Takt 44 entsprechend Takt 5 und Takt 30 auf der Tonikaparallele e), und schließlich in Takt 63 wieder auf der Tonika. Dies alles zeigt, wie die Leitfigur den harmonischen Aufbau des Satzes in sämtlichen Stadien mitvollzieht.

Wie beim Duett »Domine Deus« greifen die Singstimmen (Sopran und Alt) sie zwar ihrerseits auf, tragen aber gleichzeitig der Textdeklamation Rechnung und behandeln sie daher vor allem in der Phrasierung frei. Ihre eigentliche Funktion hat die Leitfigur daher auch in diesem Stück nur in ihrer instrumentalen Gestalt.

Wie steht es nun mit der Wort-Ton-Verbindung allgemein im Duett »Et in unum Dominum«? Muß man nicht, wie gesagt, vermuten, daß nach Herausnehmen der Worte von »Et incarnatus est« die neue Textunterlegung die ursprüngliche Textbezogenheit beeinträchtigt hat? Sieht man sich die beiden Fassungen jedoch genauer an — hier bietet sich eine weitere gute

Möglichkeit, einen Blick in Bachs Kompositionsweise zu tun —, so erkennt man, daß dies im Grunde kaum der Fall ist. Lediglich vom Takt 60 könnte man dies sagen; hier sind die absteigenden Achtel der Streichinstrumente allein von der ursprünglichen Fassung her, in der sie das Wort »descendit« (er ist herabgestiegen) abbilden, verständlich. Im übrigen aber kann man sich gut vorstellen, daß für Bachs Entscheidung, einen besonderen Chor »Et incarnatus est« zu komponieren, auch die Möglichkeit, das Duett dadurch von seinem besonders umfangreichen Text etwas entlasten zu können, mitgesprochen hat. Und wenn er nun im vierten Abschnitt des Duetts von Takt 63 an statt der ursprünglichen Worte »Et incarnatus est de Spiritu Sancto ex Maria virgine et homo factus est« nunmehr den Text »qui propter nos homines et propter nostram salutem descendit de coelis« zu unterlegen hatte, so kam ihm dabei die frühere sinnverwandte Fassung doch nur entgegen; denn die Worte »incarnatus« und »descendit« meinen ja den gleichen Sachverhalt, und es zeigt sich, wie sorgsam Bach bei der Umgestaltung der ursprünglichen Gestalt des Duetts vorgegangen ist. Ja, einige Stellen wirken in der endgültigen Fassung sogar überzeugender als in der ersten, wie die folgende Gegenüberstellung zeigt (die eingeklammerten Worte in Takt 64 ff. zeigen die Textunterlegung der ursprünglichen Fassung):

Vor allem aber mag Bach gespürt haben, daß die Worte von »Et incarnatus est« ab in dem ausgedehnten, textreichen Duett nicht genügend zur Geltung gekommen waren, sondern eine besondere musikalische Behandlung verlangten, wie dies in der Geschichte der Meßkompositionen von altersher auch stets geschehen ist. Wenn nun in die Neue Bach-Ausgabe nicht die endgültige, sondern die ursprüngliche Gestalt des Duetts aufgenommen worden ist und die spätere lediglich als eine »Variante« mitgeteilt wird, dann hat dies folgende Bewandtnis: Der Herausgeber Friedrich Smend glaubte, die aus dem Besitz von Bachs Schüler Johann Philipp Kirnberger stammende Abschrift der h-moll-Messe sei zu Bachs Lebzeiten entstanden und dieser selbst sei von seiner Korrektur des Duetts, jedoch unter Beibehaltung des Chores »Et incarnatus est«, wieder abgerückt. Dies kann aber Bachs Absicht schlechterdings nicht gewesen sein; denn es ist unvorstellbar und würde jedem liturgischen Brauch widersprechen, wenn ein Textstück der Messe, eben das des Chores »Et incarnatus est«, zweimal vorkommen sollte. Es wäre daher dringend zu wünschen, daß bei Aufführungen stets die »Variante« des Duetts gebracht würde.

Et incarnatus est

Es wurde in früherem Zusammenhang bereits gesagt, daß für diesen Chor abwärts geführte gebrochene Moll-Dreiklänge bestimmend sind und daß sich damit die Erinnerung an die Erniedrigung und Menschwerdung Gottes verbindet (vgl. Seite 56). Der Satz geht von h-moll aus und erreicht mit Takt 20 fis-moll, die Molldominante; hier beginnt eine zweite Periode, die am Anfang von Takt 39 wieder auf h-moll endet. Es sind stets allein die Worte »Et incarnatus est«, die mit der Symbolik des abwärts geführten Molldreiklangs verbunden sind; der folgende Text »de Spiritu Sancto ex Maria virgine« (vom Heiligen Geist aus der Jungfrau Maria) wie auch die abschließenden Worte »et homo factus est« (und ist Mensch geworden) werden demgegenüber in betonter Aufwärtsführung musikalisch stark hervorgehoben. Insonderheit gilt dies für die letzten Worte, die ausschließlich für den kurzen, nur zehn Takte umfassenden dritten Abschnitt aufgespart sind. Hier werden in den drei Oberstimmen die Worte »et homo factus est« im Takt 45 im Abstand von je einem Viertel in aufsteigenden e-moll-Dreiklängen gebracht, während die Unterstimmen das Wort »homo« bedeutungsvoll über mehrere Takte hinweg auf dem Ton e bzw. e' halten. So sehr also Bach alle Seiten des Textes genau berücksichtigt, so bleibt doch ein einheitlicher, auf das geheimnisvolle Wunder der Menschwerdung Gottes bezogener Charakter des Satzes gewahrt und zwar einerseits durch den Continuo und andererseits durch die beiden dazugehörigen Violinstimmen. Sämtliche beteiligten Instrumente sprechen neben den Singstimmen eine eigene Sprache. Beim Continuo ist es wie im Chor »Qui tollis peccata mundi« die Figur der *Anaphora*, der *Repetitio*, die mit Ausnahme der Takte 45 bis 47 im ganzen Satz beibehalten wird. Dabei erklingt in den Takten 1 bis 8 und 20 bis 27 jeweils 24mal der gleiche Ton (H bzw. Fis) und zu Beginn des dritten Abschnitts von Takt 39 bis 41 noch 9mal wieder der Ton H. Auch hier wird die angewandte Zahl der Tagesstunden 24 als Hinweis darauf, daß »die Zeit erfüllt ist«, zu verstehen sein (im Eingangschor der Kantate BWV 8 *Liebster Gott, wann werd ich sterben* verwendet Bach, wie erwähnt, die Zahl 24 als Sinnbild der Erfüllung). In der orgelpunktartigen Anwendung der *Repetitio* berührt sich dieser in sachlicher Übereinstimmung mit dem Beginn von »Et in terra pax« (siehe Seite 35). Bach hat für die Ausführung dieser Figur, die im Ablauf des Chores ständig vorkommt, kein staccato vorgesehen, sondern sie mit Bindebögen notiert; es sollen also die zahlreichen gleichen Töne des Continuos offensichtlich wie geheimnisvolle, schwere Schläge klingen. Völlig anders als der Continuo, der sich wie die Vokalstimmen mit Ausnahme von Takt 45 bis 47 in Vierteln bewegt, ist die musikalische Behandlung der beiden Violinstimmen. Mit den Singstimmen treffen diese sich in der Tendenz zur Abwärtsführung, die sie sogar durch das ganze Stück konsequent durchhalten, und zwar in Gestalt einer rhythmisch stets gleichlautenden sowie einheitlich phrasierten Figur. Was aber besagt diese Figur, die gegen Ende des Satzes in Takt 45 bis 47 sogar noch vom Continuo aufgegriffen und dreimal gebracht wird, an jener vorher beschriebenen Stelle, an der sich auch in den Vokalstimmen etwas besonderes ergibt?

Es würde Bachs Kompositionsweise gänzlich widersprechen, wollte man in einer solchen stereotyp rhythmisierten und phrasierten Figur eine Art Stimmungsornament sehen, ein psychologisches Motiv und nicht eben eine bildhafte musikalische Redefigur, die zwar auch einen Empfindungsgehalt hat, aber in Verbindung damit vor allem etwas aussagen will. So betrachtet aber enthüllt sich in dieser Figur das Zeichen des Kreuzes, so wie Bach dieses musikalisch öfters dargestellt hat. Es wird erkennbar, wenn man die nicht aneinandergebundenen Noten, nämlich die erste und letzte sowie die beiden mittleren wie folgt miteinander verbindet (die punktierte erste Note bleibt also unberücksichtigt):

Es ergibt sich somit ein liegendes Kreuz in Gestalt des griechischen Buchstaben X, der zugleich der Anfangsbuchstabe von Christus ist; ihn hat Bach häufig bei der Schreibung dieses Wortes zeichenhaft verwendet. Demzufolge wird die musikalische Darstellung des Kreuzes in dieser Weise als *Chiasmus* bezeichnet. Möglich wird diese bildhafte Darstellung allein dadurch, daß die aneinander gebundenen Achtel stets aufwärtsgeführt sind und das zweite Achtelpaar immer tiefer ansetzt als das erste. Obendrein ergibt das Gerüst der Figur bei Einbeziehung der punktierten Note den für den gesamten Satz bestimmenden h-moll-Dreiklang (erste, dritte und fünfte Note), während die beiden übrigen Töne nur Vorhalte sind. Unterstrichen wird die chiastische Deutung der Violinenfigur durch die bereits erwähnten Takte 45 bis 47, in denen sie auch vom Continuo aufgegriffen und über eine Duodezime in die Tiefe geführt wird. Das geschieht hier in deutlicher Kontrastierung zu den hervorgehobenen Worten »et homo factus est«. Die Hinlenkung zum »Crucifixus« kann nicht eindringlicher geschehen.

Es sind also drei verschiedene musikalische Schichten, die in den Violinen, Chorstimmen und im Continuo überlagert erscheinen, wobei jede Gruppe auf ihre Weise das Geheimnis der göttlichen Inkarnation musikalisch umschreibt. Daß dieser Satz zu alledem 49, d. h. 7 mal 7 Takte umfaßt, vollendet seine symbolische Aussagekraft.

Crucifixus

Die Dreischichtigkeit der musikalischen Sprache des Chores »Et incarnatus est« wird im Crucifixus fortgeführt. Muß es stutzig machen, wenn Bach sogar bei diesem zentralen Stück des Credo keine Originalkomposition, sondern eine Parodie bringt? Doch es ist auch hier die Voraussetzung eines gleichen Grundaffektes von Urbild und Parodie gegeben, die Bachs Entscheidung ermöglicht hat, und ihm mag die Wiederverwendung der Vorlage deshalb wünschenswert erschienen sein, weil diese ihm besonders am Herzen lag. Es handelt sich um den ersten Teil des Eingangschores der Kantate BWV 12 *Weinen, Klagen, Sorgen, Zagen*. Allein der Textbeginn läßt die grundsätzliche Eignung dieses Satzes für seine Parodierung im Crucifixus der h-moll-Messe erkennen; sie ergibt sich aus dem gleichen Affekt der Trauer und des Schmerzes. Und wenn sich neuerdings auch noch herausgestellt hat, daß der Kantatensatz seinerseits schon eine Parodie ist und durch eine weltliche Komposition von Antonio Vivaldi († 1741), ein schmerzvolles Liebeslied, angeregt wurde, dann bedeutet dies, daß Vivaldis musikalische Darstellung von menschlicher Trauer — ganz gleich, worauf sich die Trauer bezieht — für Bach besondere Überzeugungskraft gehabt haben muß. Nur so wird verständlich, daß er noch gegen Ende seines Lebens auf den Satz aus der Kantate BWV 12, die bereits 1714 in der Weimarer Zeit entstanden war, wieder zurückgegriffen hat.

Freilich, auch in diesem Falle hat Bach nicht mechanisch, sondern wohlüberlegt, ja geradezu tiefsinnig die Parodierung vorgenommen. Dabei hat es sich für ihn keineswegs nur um eine Einordnung in den Tonartenaufbau des Credo-Zyklus, d. h. um eine Transposition, gehandelt. Darüber hinaus hat er dem Satz, wenn auch erst bei einem zweiten Arbeitsgang, wie aus der Partitur zu entnehmen ist, ein instrumentales Vorspiel von vier Takten vorangestellt, und umgekehrt hat er — dies von vornherein — statt eines ebenso langen Nachspiels, wie es der Kantatensatz enthält, vier allein vom Continuo begleitete Chortakte angefügt.

Grundlegend für die Gesamtanlage des Crucifixus ist die Form der Chaconne, deren chromatisches, eine Quarte abwärts geführtes Lamento-Ostinato von vier Takten, der sog. *Passus duriusculus*, der »allzu harte Gang«, in Urbild und Abbild zwölfmal völlig gleichlautend, wie folgt, wiederkehrt (nur bei der letzten Wiederholung hat Bach bei dem zweiten Viertel lediglich in der h-moll-Messe das H durch ein bedeutungsvolles A ersetzt).

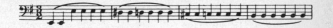

Ist mit der Zahl 12 die Grenze der Zeit angedeutet (»Zwölf, das ist das Ziel der Zeit, Mensch, bedenk die Ewigkeit!«, sagt ein altes Volkslied), so folgt allein im Crucifixus das Ostinato-Thema noch ein 13. Mal in den hinzugefügten vier Chortakten. Jedoch vom dritten Takt an wird es abgewandelt, indem es jetzt von c aus über cis nach d aufsteigt und im abschließenden Takt auf G endet. Dieses in der Barockmusik nicht vereinzelt vorkommende Lamento-Motiv gibt, vor allem in der Verbindung von Chromatik und Abwärtsführung (in der musikalischen Rhetorik handelt es sich um die Figuren der *Pathopoiia* und der *Katabasis*), den Ausdruck von Jammer, Schmerz und Elend wieder; er wird hier noch durch ständige Wiederholungen gesteigert. Dem gleichen Ausdruck dienen die ebenfalls in Halbtonschritten abwärts geführten kurzen Stoßseufzer der Vokalstimmen in den Takten 5 bis 12, während im weiteren Verlauf des Satzes mehr den einzelnen Worten Rechnung getragen wird. Die 13. Durchführung des Ostinato, zu dem lediglich der Chor singt, hat Bach mit »piano« überschrieben; hier werden nur noch die Worte »et sepultus est« wiederholt, die Grabesstille wird nach dem Tod des Gekreuzigten ergreifend vergegenwärtigt. Die gedankenlos vulgäre Redewendung »Jetzt schlägt's Dreizehn«, welche ein außergewöhnliches Geschehnis meint, findet in der 13. abgewandelten Durchführung des Crucifixus-Ostinato mit der Erinnerung an den Kreuzestod Jesu eine unheimliche Anwendung.

Auch in diesem Satz sprechen die Instrumente (Flöten und Violinen) ihre eigene Sprache. Beide spielen in ständigem Wechsel während des ganzen Stückes zwei aufeinander folgende Halbe, wonach jedes Mal eine halbe Pause kommt. Nur die Flöten bringen in bestimmten Abständen auch eine Gruppe von fünf Halben. Diese Figuren sind sicherlich als unentwegt ausgestoßene Seufzer im Sinne der *Suspiratio* zu verstehen. Sie tragen das Ihre dazu bei, dem Crucifixus-Chor ein überaus schmerzvoll düsteres Gepräge zu geben.

Et resurrexit

Für den fünfstimmigen Chor »Et resurrexit« hat Bach sich die nicht einfache Aufgabe gestellt, in ihm den gesamten noch übrigen, umfangreichen Text des zweiten Artikels zusammenzufassen. Er gliedert ihn sinngerecht in folgende Abschnitte:

I. »Et resurrexit tertia die secundum scripturas« (und ist auferstanden am dritten Tage nach der Schrift),

II. »Et ascendit in coelum, sedet ad dextram Patris« (und ist aufgestiegen in den Himmel, sitzt zur Rechten des Vaters),

III. »Et iterum venturus est cum gloria, iudicare vivos et mortuos, cuius regni non erit finis« (und wird wiederkommen mit Herrlichkeit, zu richten die Lebenden und die Toten, dessen Reich kein Ende haben wird).

Der Abschnitt III umfaßt gewiß nicht nur infolge der Länge seines Textes genau so viele Takte wie die beiden ersten zusammen, nämlich 66 gegenüber zweimal 33.

Bei diesem Chor handelt es sich um einen Konzertsatz, der einerseits von den Glaubensaussagen her, andererseits aber als eine den zweiten Artikel abschließende Doxologie zu verstehen ist. Als solche entspricht er den Chören »Patrem omnipotentem« und »Et exspecto« am Ende des ersten bzw. dritten Artikels. Ob Bach auch bei diesem Chor wie beim Gloria in excelsis Deo die Singstimmen in ein vorhandenes Instrumentalkonzert hineingearbeitet hat, ist eine offene Frage; manches spricht dafür, anderes dagegen. Allerdings nimmt der reine Instrumentalsatz hier einen so breiten Raum ein wie in keinem anderen Stück der h-moll-Messe. Der Satz beginnt mit einem Vorspiel von acht Takten, in dessen Anfang lediglich drei Chortakte eingebaut sind. Am Beginn des zweiten Abschnitts stehen sogar 16 Takte reiner Instrumentalmusik, während der dritte wieder mit acht Takten eingeleitet wird. Dieser wird zunächst nach dem Tutti-Einwurf des Chores in Takt 86 bis 88 noch einmal von drei instrumentalen Takten unterbrochen und schließlich mit einem Nachspiel von 20 Takten beendet. Somit enthält der insgesamt 131 Takte umfassende Satz 55 rein instrumentale Takte. Diese haben nun keineswegs nur eine gliedernde Funktion, sondern sollen in Verbindung mit den Glaubensaussagen von der Auferstehung, Himmelfahrt und Wiederkunft Christi die himmlische Welt symbolisieren, gleichsam ein Himmelskonzert darstellen.

Auch dieser Chor hat eine Leitfigur, die vielfach wiederkehrt und seinen Ablauf besonders prägt. Wieder einmal handelt es sich um eine streng symmetrische Figur wie beim Horn-Thema der Arie »Tu solus sanctus«. Hier lautet sie:

Daß die Symmetrie lediglich die Folge der Töne und nicht auch den Rhythmus betrifft, ergibt sich aus der Spannung zwischen Statik und Dynamik. Aus dem ihr innewohnenden Bewegungsdrang folgt die verschiedentliche Überhöhung der fünf letzten Töne um eine Terz, wie es z. B. im Takt 2 aus den Stimmführungen von Trompete I, Flöte I und II, Oboe I und Violine I ersichtlich ist. Jedoch die Grundform der Figur ist die im Notenbeispiel mitgeteilte; dies erweist sich vor allem gegen Ende in den Takten 119 bis 121 der Trompete I, die hier noch einmal das Leitbild mit besonderem Nachdruck zu erkennen gibt.

Diese Figur wird nicht voll erfaßt, wenn man sie lediglich als eine aufsteigende Bewegung im Hinblick auf Auferstehung und Himmelfahrt tonmalerisch begreift. Auch sie ist vor allem Ausdruck eines Weltbildes, das nicht durch das empirische Dasein begrenzt, sondern durch einen Ausblick in die Höhe, in eine transzendente Welt bestimmt ist. Nur von daher wird verständlich, daß dieser Figur nicht nur die Worte »et resurrexit« und »et ascendit in coelum«, sondern auch die weiteren »et iterum venturus est« und »cuius regni non erit finis« unterlegt werden. Mit diesem Leitbild ist auch in diesem Chor überall, wo es erscheint, unzertrennlich eine ständig wiederkehrende Baßfigur in Gestalt eines aufsteigenden D-dur-Akkordes im Continuo verbunden. Dieser ist die Umkehrung des absteigenden h-moll-Dreiklangs im Chor »Et incarnatus est« und nun der Hinweis auf die göttliche Person Christi (vgl. Seite 73).

Zum einzelnen des Satzes sei noch folgendes gesagt: Nach dem verhauchenden vorherigen Ausklang der Worte »et sepultus est« setzt er schlagartig im Tutti ein. Aber es wird zunächst nur einmal in Takt 1 bis 3 die zentrale Verkündigung »Et resurrexit« mit dem Leitbild hingestellt, wie bereits erwähnt wurde. Ab Takt 9 setzen die Chorstimmen nach dem Instrumentalvorspiel im Fugato ein, finden sich aber bereits im Takt 14 beim Hinzukommen vom Sopran I zu einem gemeinsamen neuen Tutti wiederum mit der Leitfigur zusammen, um dann vollstimmig, jedoch ohne Beteiligung der Trompeten, den ersten Abschnitt zu Ende zu führen. Das folgende Zwischenspiel bestreiten die Holzbläser und Streicher; nur bei den letzten Takten (48 bis 50) beteiligen sich die Blechblasinstrumente zur Ankündigung des Choreinsatzes. Der zweite Chorabschnitt (ab Takt 56) verläuft im Tutti; in ihm wird das Wort »ascendit« (ist aufgefahren) durch große Intervalle, in Sopran II und Tenor durch Oktavsprünge versinnbildlicht. Das Vorspiel zum dritten Abschnitt (ab Takt 66) ist ausschließlich den Holzbläsern und Streichern zugeteilt, und der folgende Chorabschnitt mit den Worten »et iterum venturus est cum gloria, judicare vivos et mortuos« wird — sicherlich als Erinnerung und Mahnung an die Stimme des Weltenrichters — einstimmig vom Chorbaß vorgetragen. Jedoch bei den Worten »cuius regni non erit finis« (Takt 86) mündet dieser Abschnitt unerwartet in ein Da capo von Takt 1 ff. ein, das mit nochmaligem Zwischenspiel, Fugato-Einsatz der Chorstimmen und neuem Tutti (ausschließlich auf die erwähnten Worte »cuius regni non erit finis« — dessen Reich kein Ende haben wird) frei fortgeführt und gegen Ende zugleich gewaltig gesteigert wird. Hier ergibt sich eine von Trompete I und II gemeinsam mit Sopran I und Alt in Terzen und Sexten ausgeführte Fortspinnung der Leitfigur (Takt 101 ff.; siehe das Notenbeispiel auf Seite 81). Auch im abschließenden Nachspiel erklingen wiederum die Terzenparallelen der Trompeten, nachdem die Trompete I die Leitfigur noch einmal in der Grundgestalt gebracht hat (Takt 119 bis 121).

Dieser dreigeteilte doxologische Abschluß des zweiten Artikels umfaßt 131 Takte. Ist es Zufall? Bach hat wohl auch bei der Planung dieses Satzes an das Geheimnis der Trinität gedacht:

»Drei in eins, was göttlich heißt,
Vater, Sohn und Heilger Geist!«

Et in Spiritum Sanctum

Nach der Bedeutung, die das Duett »Et in unum Dominum Jesum Christum« zu Beginn des zweiten Artikels für die Aussage musikalisch verschlüsselter Glaubensinhalte hat, werden wir Entsprechendes nun auch beim Beginn des dritten in der Arie »Et in Spiritum Sanctum« zu erwarten haben. Über die Form der Arie als Sinnbild der Einheit von Gott Vater, Sohn und Heiligem Geist und die Bedeutung der angewandten, überhöhenden Dominanttonart A-dur ist bereits gesprochen worden (vgl. Seite 56). Auch die Wahl der Baßstimme für diese Arie sowie des überirdisch schwebenden Sechsachteltaktes ist von diesem Symbolbereich her geschehen.

Den wiederum ziemlich umfangreichen Text gliederte Bach auch in diesem Stück in drei Abschnitte:

I. »Et in Spiritum Sanctum, Dominum et vivificantem, qui ex Patre Filioque procedit« (und an den Heiligen Geist, den Herrn, der lebendig macht, der aus dem Vater und dem Sohn hervorgeht),

II. »Qui cum Patre et Filio adoratur et conglorificatur, qui locutus est per prophetas« (der mit dem Vater und dem Sohne zugleich angebetet und geehrt wird, der geredet hat durch die Propheten),

81

III. » Et in unam sanctam catholicam et apostolicam ecclesiam « (und an eine heilige, katholische [d. h. weltumspannende] und apostolische Kirche).

Dementsprechend ist die Arie in drei Teile und zwar da-capo-ähnlich gegliedert. Teil I umfaßt die Takte 1 bis 48, Teil II 49 bis 92 und Teil III 93 bis 144. Die einzelnen Abschnitte sind mit 48, 44 und 52 Takten annähernd gleich lang.

Auch diese Arie ist durch eine Leitfigur gekennzeichnet, deren Deutung freilich schwerer als bei den übrigen bisher begegneten ist. Das ergibt sich schon aus der Beobachtung, daß sie in drei verschiedenen Versionen vorkommt, wie die folgende Gegenüberstellung zeigt:

Mit der Version I, die ausschließlich bei der Oboe d'amore I erscheint und von der Oboe d'amore II zumeist in Terzenparallelen mitgeblasen wird, beginnen die instrumentalen Einleitungen der Abschnitte I und II (Takt 1 ff. und Takt 49 ff.) sowie deren Unterabschnitte in Takt 25 ff. bzw. 75 ff. Abschnitt III bringt die Leitfigur in umgekehrter Reihenfolge,

d. h. zuerst zu Beginn eines Unterabschnitts und danach am Anfang des instrumentalen Nachspiels. Dem tonartlichen Aufbau der Arie entsprechend steht diese erste Version in Teil I und III in A-dur, in Teil II jedoch in der Dominante E-dur und in der Tonikaparallele fis-moll mit Überleitung nach Cis-dur.

Die zweite Version — sie ist die textierte — kommt nur in Teil I und III je zweimal vor und zwar beim Einsatz der Vokalstimme zu Beginn und am Anfang der Unterabschnitte; sie steht daher immer in der Grundtonart A-dur. Während die Versionen I und II zuweilen leichte Veränderungen erfahren, vor allem die zweite infolge der verschiedenen Textierungen, bleibt die dritte stets unverändert. Sie aber erscheint im Unterschied zur ersten nicht zu Beginn, sondern als Abschluß sowohl der Hauptteile sowie von Unterabschnitten, und zwar insgesamt siebenmal. Mit ihr endet daher auch die Arie. Beobachtet man ferner, daß die dritte Version fast immer von den beiden obligaten Instrumenten der Arie, der Oboe d'amore I und II, in Unisono geblasen wird (Ausnahmen sind nur der vierte Einsatz am Ende von Takt 57 und der Abschluß), dann wird man feststellen, daß diese das Hauptgewicht hat.

Wie verhalten sich alle drei Versionen musikalisch zueinander? In Version I folgt auf zwei völlig gleiche Takte ein dritter abweichender, der den Tonraum ausweitet. In Version II ist der Tatbestand ähnlich: Der dritte Takt bringt nach zwei gleichen Takten eine vom Text her verständliche rhythmische Auflockerung; deutlich ist aber daneben das dreimalige Ansteuern des Spitzentons e'. Im Unterschied zu diesen beiden Versionen ist die dritte symmetrisch; Takt 1 und 3 lauten gleich, ihr Spitzenton ist die Terz der betreffenden Tonart, während der mittlere Takt zweimal die Dominante erreicht.

Ohne Zweifel will Bach mit der Leitfigur auch dieser Arie bestimmte Aussagen machen, die hier nur den Heiligen Geist betreffen können. Den Schlüssel zum Verständnis bildet der zentrale Satz des Glaubensbekenntnisses »qui procedit ex Patre Filioque« (der aus dem Vater und dem Sohne hervorgeht). Offenbar sind die Versionen I und II lediglich als melodische bzw. rhythmische Variationen der Version III, der Haupt- und Grundfigur, zu verstehen. Welche Bedeutung Bach selbst offensichtlich der in der alten Kirchengeschichte so heiß umkämpften dogmatischen Formulierung des »procedit ex Patre Filioque« beigemessen hat, zeigt die folgende, eine Dezime umspannende ungewöhnliche Stimmführung des Basses bei diesen Worten in den Takten 43 bis 49:

Ob freilich die dritte Version über die allgemeine Symbolisierung eines auf die Transzendenz Gottes bezogenen Weltbildes hinaus etwas aussagen soll, mag fraglich erscheinen. Es kann sein, daß eine auch hier angewandte symmetrische Figur nur allgemein auf einen zentralen Punkt des christlichen Glaubensbekenntnisses hinweisen soll. Erwähnt sei jedoch, daß es für diese Arie eine viel weitergehende Deutung als die hier dargelegte gibt (siehe die Literaturangaben), mit der aber noch manche, vor allem auch textkritische Fragen, die besonders die authentische Phrasierung betreffen, verbunden sind.

Auch die Gesamtanlage der Arie ist — analog der Leitfigur — symmetrisch, wie die folgende Skizze zeigt:

```
                    B
     a: 49—60  b: 61—75  c: 76— 92
        A                    A
   ↑ c: 25—48  ⎫        ⎧ c: 93—104
     b: 13—24  ⎭        ⎩ b: 105—128 und 129—131
                              (als Zusatz)       ↓
     a:  1—12             a: 132—144
```

Unübersehbar ist die im Dreierrhythmus stehende Arie bis in die Einzelgestaltung auf der Zahl Drei gegründet. Sie besteht aus drei Hauptteilen mit je drei Unterabschnitten. Die in dreifacher Gestalt im Gesamtablauf fast ununterbrochen erklingende Leitfigur umfaßt ohne Auftakt und Abschluß drei Takte mit überwiegend (bei der Version III ausschließlich) sechs Triolenfiguren. Alle diese Merkmale sind Hinweise auf die Aussagen des dritten Artikels, insonderheit auf die Trinität, hier vor allem auf den Gott Vater und Gott Sohn umschließenden Heiligen Geist. Und wenn die Arie insgesamt 144 Takte hat, dann liegt hier offenbar eine Bezugnahme auf die Offenbarung Johannis (vgl. z. B. Kap. 14, 3) vor, wo als sinnbildliche Zahl der Auserwählten, also der »Ecclesia triumphans«, 144 000 (zwölf mal zwölf) genannt wird; denn von der »Una sancta catholica et apostolica ecclesia« handelt nicht zuletzt der dritte Artikel.

Die Arie »Et in Spiritum sanctum« ist sicherlich eines der tiefsinnigsten und daher deutungsschwersten Stücke der h-moll-Messe. Und doch ist sie bei aller verschlüsselten Symbolik alles andere als eine abstrakte Musik, sondern voller Lebendigkeit und eingängiger Klangschönheit. Auch bei ihr zeigt sich wieder, daß versteckte Sinnbildlichkeit der Kunst nicht im Wege steht, sondern sie vielmehr trägt und zu blühender Entfaltung bringt.

Confiteor unum baptisma
Et exspecto resurrectionem

Der nun folgende Chor ist der erste Teil des anderen Eckpfeilers im Credo, der dem Chor zu Beginn »Credo in unum Deum« entspricht. Mit diesem verbindet ihn die A-cappella-Besetzung und der in Vierteln mitgeführte Continuo. Außerdem wird im Confiteor der liturgische Cantus firmus wieder aufgegriffen, dessen Anfangstöne das Thema der Fuge »Credo in unum Deum« bilden:

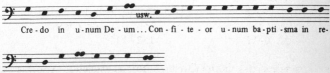

Hier tritt allerdings der Cantus firmus nicht sofort in Erscheinung; zunächst beginnt der fünfstimmige Chor in einem freien motettischen Satz, der auffallend stark an die ältere kontrapunktische Satztechnik, vor allem der Niederländer des 15. und 16. Jahrhunderts, anknüpft. In paarweiser Imitation (Sopran I und II gegenüber Alt und Tenor) setzen die Stimmen mit den drei ersten Textworten »Confiteor unum baptisma« ein, wobei lediglich der zuletzt hinzukommende Baß gesondert geführt wird. Mit Takt 16 beginnt eine neue Durchimitation mit einem zweiten, kontrastierenden Thema auf die Worte »in remissionem peccatorum« (zur Vergebung der Sünden); dieses Mal geschieht sie jedoch nicht paarweise, sondern vom Tenor aus aufbauend bis zum Sopran I, dem wieder der Baß sich als letzte Stimme anschließt. Ab Takt 31 aber beginnt erneut eine paarweise Imitation bei gleichzeitigem Einsatz von je zwei Stimmen, wobei die zwei Themen gegeneinander geführt werden (Takt 31 ff. Sopran I und II, Takt 34 ff. Alt und Tenor). In Takt 40 fängt bereits eine weitere Durchführung mit beiden Themen an, dieses Mal wieder ohne paarweise Einsätze. In Takt 69 geschieht etwas Außergewöhnliches: Bereits vier Takte vorher ist der Continuo auf das Anschlagen von jeweils zwei oder gar vier gleichen Tönen übergegangen, dem nun ein über weitere vier Takte sich erstreckender Orgelpunkt folgt. Gleichzeitig fahren die vier Oberstimmen mit dem zweiten Thema fort, während der Baß eine bedeutungsvolle Pause hat. Im Takt 73 aber setzt er mit dem Cantus firmus ein, im Abstand von zwei Halben in einem Oberquintkanon vom Alt gefolgt; dazu bringen die übrigen Stimmen ständig neue Einsätze mit beiden Themen. Mit Takt 87/88 wird der Cantusfirmus-Kanon beendet; jetzt hat der Tenor eine wichtige Pause von dreieinhalb Takten; denn im Takt 92 übernimmt nun er den Cantus firmus in verbreiterten, d. h. ganzen Noten, während die übrigen Stimmen überaus kunstvoll ständig mit neuen Einsätzen beider Themen fortfahren. Im Takt 121 mündet der Satz in ein »Adagio« ein, während der Continuo gleichzeitig in Folgen von vier Vierteln auf den gleichen Ton übergeht. Bereits im Takt 123 nehmen die Vokalstimmen, ohne Einschnitt im Continuo, den Text des Schlußchores »Et exspecto resurrectionem mortuorum« in einem besonders hintergründigen Übergang auf. In 24, auf das Ende der Welt hinweisenden Takten durchschreitet Bach in — für seine Zeit — kühnster Harmonik und in dichtester Folge von Modulationen den gesamten Quintenzirkel, der seinerseits 24 Tonarten umfaßt, um die totale Verwandlung, die das menschliche Sein in der Auferstehung erfährt, zu versinnbildlichen.

Schlagartig beginnt im stärksten Kontrast zu Takt 146 das »Vivace e Allegro« des sämtliche Instrumente einbeziehenden, in der Grundtonart D-dur stehenden doxologischen Schlußchores. Auch hier handelt es sich um eine Parodie. Ihm liegt der zweite Satz der 1728 oder 1729 entstandenen Ratswechselkantate *Gott, man lobet dich in der Stille* (BWV 120) mit dem ursprünglichen Text »Jauchzet, ihr erfreuten Stimmen« zugrunde. Das macht verständlich, in welchem Grundaffekt Bach das Credo beschließen will: man verbindet ihn am besten mit der Vorstellung der ewigen Herrlichkeit. Er verwendete jedoch nur den Hauptteil der Vorlage, die er zudem tiefgreifend umarbeitete und vor allem kunstvoll zur Fünfstimmigkeit erweiterte.

Der Tutti-Einsatz ist in sämtlichen Instrumentalstimmen durch aufsteigende gebrochene D-dur-Akkorde, die an die Posaunen des Jüngsten Gerichts erinnern, charakterisiert. Gleichzeitig führen die Singstimmen auf das Wort »exspecto« vielbesagende Oktavsprünge in der Art des folgenden Beispiels aus:

ex - pe - cto, ex - pe - - - cto, ex - pe - - - cto

Der Beginn des Schlußchores reicht bis Takt 9, dann kommt, entsprechend dem Anfang des Chores »Et resurrexit« ein Instrumentalzwischenspiel, worauf ab Takt 17 ein fugierter Chorabschnitt folgt. Dieser ist zunächst über vier Takte hinweg allein von den Flöten begleitet (abgesehen selbstverständlich vom Continuo), woran sich sogar vier A-cappella-Takte anschließen. Von Takt 25 an baut sich jedoch ein neues, bis Takt 41 reichendes Tutti auf, bei dem erneut gebrochene Dur-Dreiklänge den Instrumentalpart bestimmen. Es folgt ein weiteres, kurzes A-cappella-Fugato des Chores, das bereits im Takt 49 durch das nächste Tutti abgelöst wird, wonach der Satz von Takt 53 bis 61 (Anfang) wieder rein instrumental weitergeführt wird. Während dem Chor bis dahin ausschließlich der

Text des vorangegangenen Adagio »Et exspecto resurrectionem mortuorum« (und erwarte die Auferstehung der Toten) — lediglich ohne das Bindewort »et« — zugrunde liegt, vollzieht sich ab Takt 61 nunmehr der Übergang zu den letzten Worten des Credo »et vitam venturi saeculi, amen« (und ein Leben der zukünftigen Welt). Damit wird zugleich zu einem überwältigenden Abschluß angesetzt, zunächst durch ein erneutes Chor-Fugato, das genau den Takten 17 ff. entspricht, und danach mit dem Aufbau eines neuen Tutti, das bei den Worten »venturi saeculi, amen« einen Höhepunkt erreicht, wie er sich ähnlich, aber doch noch nicht so spannungsvoll, schon bei den Worten »resurrectionem mortuorum« ergeben hatte:

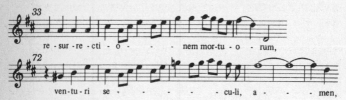

Jetzt nämlich bleibt der Sopran I über zwei Takte auf dem fis″ liegen, während Sopran II und Alt bereits von Takt 73 ab in ausgehaltene ganze Noten übergegangen waren. Es ist das Wort »Amen«, das auf diese Weise besonders zur Geltung gebracht wird. In ständig sich steigernder Intensität wird das in Takt 83 erreichte Tutti vier Takte später noch einmal abgebrochen und mit einem letzten Fugato ein Amen-Schluß mit Achtelkoloraturen gebildet. Mit größter Dynamik geht dieser schließlich in ein letztes Tutti über, das mit zwei nahezu homophonen Takten der Chorstimmen auf die Worte »venturi saeculi, amen« den Satz und damit zugleich das Credo beendet.

*

Die Fülle der Einzelbeobachtungen bei der Besprechung des »Symbolum Nicenum« mag gezeigt haben, daß Bach in diesem Teil der h-moll-Messe das Äußerste an künstlerischer Gestaltungskraft im Verein mit geistiger Konzentration und symbolischer Aussage aufgeboten hat. Allenthalben ist spürbar, daß hier der Höhepunkt des Werkes liegt.

Mehr, als es in der Regel der Fall ist, könnte von dem geistigen Gehalt des Credo bei Aufführungen verdeutlicht werden, obwohl das Entscheidende der Beschäftigung des Einzelnen mit dem Werk überlassen bleiben muß. Jedoch — um nur ein paar Hinweise zu geben — die Gliederung der drei Artikel ließe sich z. B. durch kurzes Einhalten vor den beiden solistischen Stücken, dem Duett »Et in unum Dominum Jesum Christum« und der Arie »Et in Spiritum sanctum«, bewußt machen. Auch eine entsprechende Anordnung des Textes im Programm könnte dabei wie bei allen Fragen der Gliederung hilfreich sein. — Im ersten Satz »Credo in unum Deum« müssen die beiden Violinen als zwei von den sieben Fugenstimmen im Stärkegrad den Chorstimmen völlig gleich sein. Wie oft aber werden sie von den Singstimmen nahezu erdrückt und kaum vernehmbar gemacht. — Beim Chor »Confiteor unum baptisma« muß dem Hervortreten des Cantus firmus zunächst im Baß und Alt (Takt 73 ff.) und danach vor allem im Tenor (Takt 92 ff.) alle Aufmerksamkeit gewidmet werden. Und auch an die richtige Behandlung des Continuo in beiden A-cappella-Sätzen sei erinnert, d. h. an die sparsame Aussetzung des Generalbasses, wenn man nicht sogar Tasto-solo-Wiedergabe bevorzugen möchte.

Sanctus — Osanna — Benedictus

Allgemeines

Das Sanctus hat von jeher seinen liturgischen Platz im Abendmahlsteil der Messe (in der Opferhandlung nach katholischem Sprachgebrauch). In der lutherischen Gottesdienstordnung folgten zu Bachs Zeit auf das Evangelium in der Regel die sonntägliche Kantate, danach das Credo und, nach einem kurzen Gemeindelied, die Predigt, bevor die Abendmahlsliturgie begann. Unmittelbar voraus geht dem Sanctus die sog. Präfation, also ein Vorspruch, der in Gebetsform auf das Dreimalheilig hinführt. In der mitteldeutschen lutherischen Tradition wurden das Sanctus wie auch die vorausgehende Präfation nur an hohen Festtagen gesungen. Nach dem in Leipzig während Bachs Amtszeit gebräuchlichen Hofmannschen Gesangbuch, dem Nachfolger des berühmten Leipziger Gesangbuchs von Gottfried Vopelius, wie auch in dem damaligen, in Leipzig ebenfalls gebrauchten Dresdner Gesangbuch lautete der (kirchenjahreszeitlich wechselnde) Präfationstext für Weihnachten (für das Weihnachtsfest 1724 hatte ja Bach aller Wahrscheinlichkeit nach das Sanctus komponiert) wie folgt:

PRAEFATIONES,

wie solche an hohen Festtagen bey angehender Communion gesungen werden.

I. Am ersten Weihnachtsfeyertage.

Sacerdos.	Der Prediger.
Dominus vobiscum.	Der Herr sei mit euch.
Chorus.	Der Chor.
Et cum Spiritu tuo.	Und mit deinem Geiste.
Sacerdos.	Der Prediger.
Sursum corda.	Die Herzen in die Höhe.
Chorus.	Der Chor.
Habemus ad Dominum.	Haben wir zum Herrn.
Sacerdos.	Der Prediger.
Gratias agamus Domino Deo nostro.	Lasset uns dem Herrn unserm Gott danken.
Chorus.	Der Chor.
Dignum & iustum est.	Das ist billig und recht.

Sacerdos.	Der Prediger.
Vere dignum & iustum est, aequum & salutare, nos tibi semper & vbique gratias agere, Domine sancte, Pater omnipotens, aeterne Deus; quia per incarnati verbi mysterium noua mentis nostrae oculis lux tuae claritatis infulsit, vt dum visibiliter Deum cognoscimus, per hunc in inuisibilium amorem rapiamur. Et ideo cum Angelis & Archangelis, cum Thronis & Dominationibus, cumque omni militia coelestis exercitus, hymnum gloriae tuae canimus, sine fine dicentes:	Freylich ist es recht und billig, gut und heilsam, daß wir dir allezeit und an allen Orten danken, heiliger Herr, allmächtiger Vater, ewiger Gott; denn durch das Geheimniß, daß das Wort ist Fleisch worden, leuchtet in die Augen unsers Herzens ein neues Licht deiner Klarheit, auf daß wir, indem wir Gott sichtbar erkennen, durch denselben das Unsichtbare lernen lieb haben. Derowegen wir mit den Engeln und Erzengeln, mit den Thronen und Herrschaften, und mit der ganzen Menge der himmlischen Heerschaaren, dir zu Preis, einen Lobgesang singen; und sagen ohn Unterlaß:
Chorus.	Der Chor.
Sanctus, sanctus, sanctus Dominus Deus Sabbaoth. Pleni sunt coeli & terra gloria tua.	Heilig, heilig, heilig ist Gott, der Herr Zebaoth, Himmel und Erden sind seiner Ehren voll.

Die genaue Kenntnis des liturgischen Zusammenhangs, in dem das Sanctus steht, erscheint unerläßlich, wenn man die große Klangentfaltung von Bachs Komposition verstehen will. Das Dreimalheilig gehörte auch im lutherischen Gottesdienst zu den Stücken, die — wenn auch nicht regelmäßig — lateinisch gesungen wurden; die Gemeinde konnte dann, falls sie das Sanctus nicht selbst einstimmig sang, den Text im Gesangbuch verfolgen und hatte auch die Übersetzung daneben. (Bei dieser fällt auf, daß es zwar heißt »seiner Ehren voll«, im Lateinischen jedoch »gloria tua« steht; davon abweichend lautet der Text in der h-moll-Messe »gloria eius«.) Von der Erhabenheit seines Wortlauts her gesehen ist das *Trishagion*, das Dreimalheilig, die Summe des christlichen Lobpreises im liturgischen

Ablauf der Messe; kommt doch an keiner anderen Stelle die Einheit der auf Erden feiernden Kirche mit der Ecclesia triumphans so unmittelbar zum Ausdruck wie hier.

Osanna und Benedictus werden in den genannten Gesangbüchern freilich nicht genannt, sind also gewöhnlich nicht mitgesungen worden. So erklärt es sich, daß Bach 1724 zunächst auch nur den Text von Jesaja 6,3 bearbeitet hat. Daß er jedoch um den liturgischen Zusammenhang dieser Stelle mit Osanna und Benedictus gewußt hat, ergibt sich allein schon aus seiner Kenntnis älterer Meßkompositionen (vgl. Seite 7 und 23). Vor allem aber wird dies durch den überaus engen Zusammenhang von Osanna und Sanctus, den Bach später noch hergestellt hat, unwiderlegbar bewiesen.

Sanctus

Pleni sunt coeli

Nicht allein die Kenntnis des liturgischen Zusammenhangs jedoch ist für das Verständnis von Bachs Komposition wichtig, sondern auch die von Jesaja 6,1—4, dem das Sanctus entnommen ist. Es heißt dort: »Des Jahres, da der König Usia starb, sah ich den Herrn sitzen auf einem hohen und erhabenen Stuhl, und sein Saum füllte den Tempel. Seraphim standen über ihm, ein jeglicher hatte sechs Flügel: Mit zweien deckten sie ihr Antlitz, mit zweien deckten sie ihre Füße und mit zweien flogen sie. Und einer rief zum andern und sprach: Heilig, heilig, heilig ist der Herr Zebaoth, alle Lande sind seiner Ehre voll! daß die Überschwellen bebten von der Stimme ihres Rufens, und das Haus ward voll Rauch.«

Sowohl die majestätische Gewalt dieser prophetischen Vision wie ihre Einzelerscheinungen läßt Bach in dem — selbstverständlich in D-dur stehenden — Sanctus klanglich-sinnbildhaft erscheinen. Das Dreimalheilig veranlaßt ihn, die Anlage des Satzes in besonderer Weise auf die Zahl Drei zu stellen, um damit die Fülle göttlicher Macht und Herrlichkeit kundzutun. So baut sich das Stück aus nicht weniger als fünf dreistimmigen Klangkörpern zusammen: Aus je einem dreistimmigen Trompeten-, Oboen- und Streicherchor sowie dem sechsstimmigen Vokalchor. Dieser letztere ist fast durchgehend doppelchörig geführt und tritt als zweimal dreistimmiger höherer und tieferer Chor in Erscheinung; er bringt damit die biblischen Worte

»und einer rief zum andern« zu lebendigster Anschauung. Im Sanctus verwendet Bach das einzige Mal in der h-moll-Messe drei Oboen, für uns wieder ein Beweis, mit welcher Grundsätzlichkeit er seine Besetzungen durchführt.

Seit dem 16. Jahrhundert wurde das Musizieren per choros, d. h. die Anwendung der Mehrchörigkeit, von Jesaja 6 her begründet und als Übertragung des antiphonalen Prinzips, des Einander-Zusingens, aus dem Bereich der liturgischen Einstimmigkeit in die musizierte Mehr- und Vielstimmigkeit verstanden. Im Sanctus der h-moll-Messe liegt also Fünfchörigkeit vor, zu der als sechster Klangbereich der Continuo kommt, von dem die im Zwölfachteltakt musizierenden Chöre (Bach notiert zwar c, jedoch herrschen in dem Satz Triolen vor) wie von einem gewaltigen Fundament getragen werden. Dabei werden gleichzeitig vier verschiedene rhythmische Figuren verwendet, wie z. B. in Takt 1 ff. in folgender Verteilung:

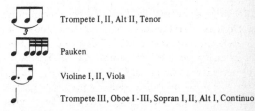

Aber nicht nur die Dreizahl ist in dem Satz verankert, sondern — entsprechend den sechs Flügeln der Seraphim — auch die Zahl sechs, wie sich bereits bei den sechs Klangkörpern gezeigt hat. Auch die Verwendung eines sechsstimmigen Chors ist im Hinblick auf diesen textlichen Zusammenhang gedeutet worden. Dieser singt zudem wiederholt in Triolen Sextakkorde, so der obere Halbchor gleich in Takt 1 ff. z. B. sechs Triolen nacheinander in dieser Weise bzw. auch in Quartsextakkorden. Das wiederholt sich im Laufe des Satzes mehrmals (vgl. z. B. Takt 7 ff.), auch Instrumentengruppen werden zu solchem Spiel herangezogen. In Takt 39 f. erklingt bei den Streichern sogar sechsmal nacheinander die gleiche Triole; dabei unterstützt die erste Trompete die Wichtigkeit der musikalischen Aussage. Aber damit nicht genug: Am phantastischsten mutet uns wohl an, daß die Pauken in den ersten zweimal sechs, also zwölf Takten je sechs mal sechs Schläge und bis zum Takt 24 dreimal sechs mal sechs Schläge ausführen. Wir würden an dem Wesen solcher musikalischen Gestaltung vorübergehen, wenn wir in alledem nur eine Spielerei sähen. Dieser Satz wird nur verständlich, wenn wir hinter ihm eine visionäre Intuition Bachs annehmen.

Besondere Beachtung verdient noch der zumeist mit dem Singbaß zusammen geführte Continuo. Zu den ersten Takten bringt er genau gleichzeitig mit den Trompeten, Pauken und Oboen sowie dem tieferen Halbchor sein erstes Dreimalheilig in Form von drei Oktavsprüngen auf dem Grundton D; das ist wiederum nichts anderes als ein Bild der Totalität Gottes. Während der Pausen singt der obere Halbchor — also ohne Continuostütze — jene vorher beschriebenen Triolen in Sext- bzw. Quartsextakkorden, nach dem dritten »Sanctus« die sechs aneinander gereihten Triolen. In greifbarer Bildhaftigkeit erscheint hier das überirdische Schweben der himmlischen Heerscharen. Doch kommt es hier nicht nur auf die Erkenntnis von Tonmalerei an; bedeutungsvoller noch ist der Vollzug einer musikalischen Gestaltung ohne das »irdische« Fundament des Continuo in erdentrückter Übersinnlichkeit. Nach dem ersten Dreimalheilig geht der Baß in vier Oktavsprüngen eine Quarte abwärts, so daß man das Beben der göttlichen Gewalt, von dem der biblische Text spricht, zu vernehmen meint (vgl. Takt 5—7).

So grundsätzlich klar im Sanctus alle Formanwendung ist, so folgerichtig ist auch der Aufbau. Der Vorgang der ersten sechs Takte wiederholt sich in den nächsten sechs in der Dominanttonart und verbreitert noch einmal in den folgenden zwölf Takten, zurücklenkend in die Grundtonart. Nach drei »Sanctus«-Rufen in Takt 13 bis 15, wie in Takt 1 bis 3 und 7 bis 9, sowie verbindenden Sextentriolen erschallt das Trishagion gedehnt über sechs Takte hinweg in majestätischer Vergrößerung, während die Trompeten ihre Sanctus-Rufe erklingen lassen und der Continuo dröhnend auf- und abwärts weiterschreitet mit seinen Oktavsprüngen. Takt 23 f. bringt dann den Wortlaut »Dominus Deus Sabaoth«. Damit ist genau die Mitte des Satzes erreicht. Es schließen sich noch einmal 24 Takte an. In den ersten zehn fluten die Engelrufe unaufhörlich weiter; dabei folgen zweimal auf ein drei Takte umfassendes Dreimalheilig zwei Takte mit den übrigen Textworten. Während dieser zehn Takte schweigen die Trompeten; in den Takten 35 bis 40 lassen sie dann ihr letztes Trishagion zusammen mit nochmals dreimal sechs Schlägen der Pauken über einer zweiten sechs Takte langen Verbreiterung des Sanctus wie in Takt 17 ff. erklingen. Beim dritten Einsatz (Takt 39) spielt die erste Trompete mit den Streichinstrumenten jene sechs gleichen Triolen, von denen schon die Rede war. Hier liegt der Höhepunkt dieses gewaltigen Satzes, der danach in acht, genau Takt 25 bis 34 entsprechenden Takten ausklingt. Dabei bemerken wir noch eine weitere Sinnbildlichkeit: Im viertletzten Takt wird schließlich auch der Continuo in überirdisch schwebende Triolen, die für das Sanctus so charakteristisch sind, mit hineingenommen.

Das Sanctus der h-moll-Messe ist nicht nur einer der Höhepunkte des gesamten Werkes, sondern gehört zum geheimnisvoll Erhabensten, was je an Musik geschaffen worden ist. Es ist ein Stück von unergründlicher Tiefe, das eine andere Welt neben der sinnenhaft wahrnehmbaren aufleuchten läßt.

Während der erste Teil des Sanctus-Chores dem Jesaja-Text entsprechend einer gewaltigen Vision gleicht, ist die Fortführung des als Chorfuge im Dreiachteltakt aufgebauten »Pleni sund coeli« (der zweiten Vershälfte von Jesaja 6,3) spielerisch-musikantisch gehalten. Das Wort »gloria« ruft im Fugenthema und vor allem in dessen Fortspinnung ausgedehnte Sechzehntelläufe hervor. Zunächst singt der Chor a cappella, lediglich der Continuo wird wie immer mitgeführt; dabei setzen im Takt 66 Sopran II und Alt mit dem Thema in Terzenparallelen ein. Erst von Takt 72 an sind auch die Instrumente von dem Augenblick an, in dem der Baß als letzte Fugenstimme einsetzt, wieder beteiligt. Baß und Tenor bringen das Thema jetzt in Dezimen, unterstützt von Oboe I, Viola und Continuo, wobei nur die Viola mit dem Tenor im Einklang mitspielt, während der Continuo den Baß eine Oktave tiefer, also im Sechzehnfußklang, und die Oboe I den Tenor umgekehrt eine Oktave höher im Vierfuß mitspielt. Das Thema erklingt also nicht nur in Dezimen, sondern zugleich in drei Oktavräumen. Von Takt 78 bis 82 bringt der Baß ein zweites Thema, das von Takt 83 bis 87 einen Ton höher wiederholt wird und danach noch mehrfach andeutungsweise vorkommt (z. B. in Takt 104 bis 107 in h-moll im Alt). Zum letzten Mal ertönt es in Takt 158 bis 162 mit besonderem Nachdruck im Baß, wobei alle drei Trompeten im Vierfußklang mitspielen und auch die Pauken im Achtfuß beteiligt sind, bevor mit Takt 168 dann der Satz in brausendem Jubel zu Ende geht. Was es mit diesem zweiten, man könnte sagen, signalartigen Thema (vgl. das Notenbeispiel auf Seite 97) auf sich hat, erfahren wir aus dem anschließenden Osanna.

Osanna und Benedictus

Der Text von Osanna und Benedictus ist der Schluß der Perikope von Jesu Einzug in Jerusalem (Matthäus 21,1—9). Ihre Erklärung findet die (bereits in der alten Kirche vollzogene) Textkombination von Jesaja 6,3 und Matthäus 21,9 durch die folgende Abwandlung des Sanctus-Textes in Offenbarung Johannis 4,8: »Heilig, heilig, heilig ist Gott der Herr, der Allmächtige, der da war, der da ist und der da kommt«. Hier hat der alttestamentliche Wortlaut des Sanctus eine neutestamentlich-christologische Deutung erfahren; dabei sind die Worte »der da kommt« nicht nur eschatologisch zu verstehen, sondern auch auf die gegenwärtige ständige Wiederkehr Christi im Abendmahl bzw. in der Messe zu beziehen.

Bei dem achtstimmig doppelchörigen Osanna in excelsis haben wir es abermals mit einer Parodie zu tun und zwar mit Teil a des in Da-capo-Form a—b—a angelegten Eingangschores der Kantate *Preise dein Glücke, gesegnetes Sachsen* (BWV 215, NBA I/37). Dieser aber beginnt, wie danach auch seine Parodie, das Osanna, mit dem zweiten Thema von »Pleni sunt coeli«; und weil dieses Thema vor dem Schluß des Eingangschores noch einmal erklungen ist, kann das Osanna mit einem Unisono-Choreinsatz ohne jede instrumentale Stütze, sogar ohne Continuo, unmittelbar anschließen. Nur aus der pausenlosen Folge beider Chöre erklärt sich der Beginn des Osanna. Um seiner engen Verknüpfung mit dem »Pleni sunt coeli« willen hat Bach auch die 32 Takte umfassende instrumentale Einleitung der weltlichen Vorlage bei der Parodie fortgelassen. Somit ist mit der Funktion von Osanna und Benedictus im Ablauf des gottesdienstlichen Vollzugs keine Frage verbunden; sie ist dieselbe wie beim Sanctus, mit dem das Osanna musikalisch verklammert ist: Für eine Musik »sub communione«, d. h. während der Austeilung des Abendmahls — als eine solche will Friedrich Smend neuerdings noch wieder das Osanna verstanden wissen —, wäre ein Stück mit so großer Besetzung aber gänzlich ungeeignet gewesen. Unklar bleibt freilich, was Bach mit dem zweiten Thema des »Pleni sunt coeli« gemeint hat, als er dieses mindestens zwei Jahrzehnte früher komponierte. Hat er sich vielleicht damals schon mit dem Gedanken getragen, ein Osanna folgen zu lassen und dabei dieses Thema als eine Art Klammer zwischen beiden Sätzen benutzen wollen? Eine solche Annahme hat zwar keine große Wahrscheinlichkeit für sich, sie kann aber auch nicht ganz von der Hand gewiesen werden. Zunächst aber hat Bach 1734 dieses Thema in der genannten Glückwunsch-Kantate zum Jahrestag der Wahl von Kurfürst August III. zum König von Sachsen verwendet. Hier lautet es folgendermaßen, während im Osanna dann beide älteren Fassungen kombiniert erscheinen; eigentümlich ist bei diesem nur der Auftakt mit einem Achtel anstatt von vier Sechzehnteln in den beiden Vorlagen.

Die hier vorliegenden Zusammenhänge erscheinen deshalb etwas rätselhaft, weil Bach bei der Komposition des Osanna offensichtlich gleichzeitig auf zwei ältere Werke zurückgegriffen und weil er das genannte zweite Thema des »Pleni sunt coeli« aus dem Jahre 1724 entgegen seinem Prinzip in einem weltlichen Werk verwendet hat. Es liegt hier der bisher einzige nachweisbare Fall einer Parodie in der Richtung geistlich-weltlich vor, während Bach sonst eine für gottesdienstliche Zwecke parodierte weltliche Komposition nachträglich nicht wieder außergottesdienstlich verwendet hat. Aber wahrscheinlich hat Bach in der Übernahme lediglich eines Themas einer geistlichen Komposition in eine weltliche noch nicht die Durchbrechung dieses Prinzips gesehen; nur so jedenfalls können wir uns den Gesamtvorgang erklären.

Das Osanna setzt das musikantische Element des »Pleni sunt coeli« fort, hier nun vor allem in der Form von Zurufen der beiden Chöre, die durch fugierte Partien unterbrochen werden. Der klangvolle, die Blechblasinstrumente sinngemäß mit einbeziehende Satz klingt mit jenen 32 instrumentalen Takten aus, mit denen die Vorlage beginnt (siehe vorher!).

In das Osanna eingeschlossen ist die Tenor-Arie »Benedictus, qui venit in nomine Domini« (Gelobt sei, der da kommt im Namen des Herrn, Matthäus 21,9b), nach der das Osanna dem liturgischen Text gemäß wiederholt wird. Das h-moll der Arie, das Sinnbild der Menschwerdung Christi (vgl. vor allem den Chor »Et incarnatus est« im Credo), bedeutet, daß hier nicht an die Wiederkunft des erhöhten Christus gedacht ist, sondern an den Stifter des Heiligen Abendmahls und an seine verheißene Einkehr, wo immer dieses recht gefeiert wird. Die Form der Arie ist als Gruß (»Benedictus«) für den gegenwärtigen Herrn zu verstehen.

Auch bei diesem Stück wird eine (wenn auch noch nicht ermittelte) Parodie angenommen. Die Eintragung in die autographe Partitur hat nicht den Anschein einer ersten Niederschrift, sondern den einer Abschrift. Der Gesamtcharakter der fünfteiligen Arie mit obligater Flöte (instrumentale Einleitung — erster textierter Teil — Zwischenspiel — zweiter textierter Teil — Nachspiel) will offenbar Ehrfurcht vor dem Wunder der Einkehr Gottes mit verhaltener Freude verbinden, die vor allem in Triolenbildungen der Flöte zum Ausdruck kommt.

Agnus Dei — Dona nobis pacem

Schließlich sind auch die beiden letzten Stücke der h-moll-Messe Parodien. Die Alt-Arie mit Violine I und II in unisono »Agnus Dei, qui tollis peccata mundi, miserere nobis« (Lamm Gottes, der du trägst die Sünde der Welt, erbarm dich unser) ist das einzige Stück des gesamten Werkes, das sich schwer in dessen Tonartenordnung einfügt. Besteht diese in der Korrespondenz von h-moll und D-dur und stehen die weiteren vorkommenden Tonarten im Dominant-, Subdominant- oder Parallel-Tonartverhältnis zu den beiden Grundtonarten, so läßt sich das g-moll des Agnus Dei in diesen Zusammenhang nicht einreihen. Das ist um so auffallender, als eine Transposition des Vorbildes, nämlich der Arie »Ach bleibe doch, mein liebstes Leben« aus dem *Himmelfahrtsoratorium* (BWV 11), vorliegt; es sei denn, daß diese so weitgehend umgestaltete Arie für die h-moll-Messe gar nicht als unmittelbare Vorlage gedient hat und es sich beim Agnus Dei um eine Parodie zweiten Grades handelt. Einen Sinn kann g-moll im Rahmen des Gesamtwerkes nur als Moll-Unterdominante der Grundtonart D-dur haben; es würde damit noch einmal in besonderer Eindringlichkeit auf die Erniedrigung Gottes im gekreuzigten Christus hinweisen, der nach Jesaja 53 und verschiedenen Kapiteln der Offenbarung Johannis als »Agnus Dei« (Lamm Gottes) bezeichnet und angerufen wird. Auch der ganz besonders empfindungsvolle, sonst in der gesamten h-moll-Messe nicht vorkommende Charakter dieser Arie mag von daher seine Erklärung finden. Zahlreiche verminderte Dreiklänge sowohl in der Violinstimme wie auch im Alt und auch manche Septimensprünge (besonders auffallend ist die große Septime abwärts der Violinen zum Abschluß) sollen wohl dieselbe Aufgabe erfüllen wie der Fingerzeig Johannes des Täufers auf dem Isenheimer Altar von Matthias Grünewald, der das gleiche ausdrückt: »Siehe, das ist Gottes Lamm, welches der Welt Sünde trägt« (Johannes 1,29). Es ist der »*Saltus duriusculus*«, der allzu harte Sprung nach der barocken Musiktheorie, mit dem Bach auf den Gekreuzigten hinweist. Aber auch das Mysterium der Einkehr Gottes bei den Menschen schwingt bei dieser Arie wie beim vorangegangenen Benedictus mit, mit dem allein sie eine gewisse innere Verwandtschaft hat.

Das Stück umfaßt zwei gleich lange Teile mit acht Takten instrumentaler Einleitung und 14 gesungenen im ersten sowie mit vier Takten Einleitung und 18 textierten Takten im zweiten Teil. Zu diesen 2 mal 22 Takten (liegt hier eine Erinnerung an den Leidenspsalm 22 »Mein Gott, mein Gott, warum hast du mich verlassen« vor?) kommen fünf Takte instrumentales Nachspiel. Die Gesamtzahl der Takte ist also die gleiche wie beim Et incarnatus est und beim Crucifixus (hier ohne die vier zusätzlichen Takte, siehe Seite 73 ff.), so daß beim Agnus Dei sicherlich auch die gleiche Sinnbildlichkeit gemeint ist.

Der liturgische Text ist dreigliedrig; auf zwei Gebetsrufe »Agnus Dei, qui tollis peccata mundi« folgt »miserere nobis«, beim dritten jedoch »dona nobis pacem«. In der Geschichte der Meßkomposition wird diese Gliederung längst nicht immer streng durchgehalten, und auch Bach läßt in der Arie zwar auf den zweimaligen Anruf jeweils das »miserere nobis« folgen, beginnt aber den Schlußchor danach sofort mit »Dona nobis pacem«. Mit diesem abschließenden Chor verbindet Bach einen Rückgriff auf das »Gratias agimus tibi« im Gloria-Teil und beendet somit die Messe mit einer Parodie zweiten Grades. Eine solche Wiederaufnahme war nichts Ungewöhnliches; in der »Missa concertata« war dies sogar ein beliebtes Mittel, um ein Band um ihre Vielgliedrigkeit zu schlingen. Dieser Gedanke war gewiß auch für Bach bei diesem Rückgriff mit entscheidend, wenn sicherlich auch nicht allein maßgebend. Auf alle Fälle gibt uns der Schlußchor der Messe damit einen weiteren Beweis für die angestrebte Zusammengehörigkeit der einzelnen Teile des Werks und somit für ihre Einheit.

Wiederholt ist die Meinung vertreten worden, daß Bach auf diesen Chor keine besondere Mühe mehr verwendet habe. Während der Kantatensatz »Wir danken dir, Gott, wir danken dir« (BWV 29) im Gratias agimus um einer sinnvollen Neutextierung willen eine tiefgreifende Umformung erfahren habe, könne man einen gleichwertigen Vorgang im Dona nobis pacem nicht feststellen. Besonders wird darauf hingewiesen, daß Bach das zweite Thema der Chorfuge mit den gleichen Worten wie das erste textieren mußte, da ja dem gesamten Schlußchor nur drei Worte zugrunde liegen, ein in der Tat ungewöhnliches Verfahren in einer vokalen Doppelfuge. Man könnte daher folgern, Bach habe eine ungeeignete Vorlage für eine jedoch offensichtlich beabsichtigte Parodie gewählt. Aber träfe ein solches Urteil wirklich zu? Warum sollte in einem besonderen Fall nicht auch einmal das Ungewöhnliche sein Recht und seine Bedeutung haben? Bereits die Textunterlegung des ersten Themas ist im Vergleich mit der im »Gratias agimus tibi« kritisiert worden. Stellt man aber beide Fassungen einander gegenüber, wie im folgenden Notenbeispiel,

dann wird man zugeben müssen, daß der schwebende Allabreve-Rhythmus gerade infolge des kürzeren Textes im Dona nobis pacem besser noch zur Geltung kommt als in dem früheren Chor. Gewiß eignet sich beim zweiten Thema das Wort »gloria« im Gratias-Chor für die Achtelfiguren besser als das Wort »dona« im Schlußchor, für den Gesamtcharakter des Satzes fällt dies jedoch nicht ins Gewicht; denn im Grunde singen sich im ganzen Satz die Worte »Dona nobis pacem« besser als im früheren der Text »Gratias agimus tibi«. Beim ersten Thema hätte Bach sogar auf die Wiederholung des »pacem« verzichten und völlig stilgerecht folgendermaßen textieren können:

Aber gerade das hat er offensichtlich nicht gewollt, um dem Wort »pacem« größeres Gewicht zu verleihen. Er stellt es auch erneut gleich an den Anfang des zweiten Themas, so daß es dreimal aufeinander folgt:

Dies wiederholt sich an zahlreichen weiteren Stellen. Dem *Stile antico* der Vokalpolyphonie entsprach eine solche Hervorhebung eines einzelnen Wortes gewiß nicht, aber Bach wollte ja mit dem Abschluß der Messe keinen Archaismus betreiben, sondern bei aller bewußten Anknüpfung an ältere musikalische Überlieferung so auffallend wie möglich das Wort »pacem« herausstellen und mit der Bitte um den göttlichen Frieden das Werk beschließen. Dabei ist nicht selbstverständlich, daß er diese Bitte, wie die Beteiligung der Trompeten zeigt, in die Gestalt einer Doxologie gekleidet hat. Sowohl den Kantatentext »Wir danken dir, Gott, wir danken dir« als auch das sinnverwandte »Gratias agimus tibi« kann man als Doxologie ansehen; das »Dona nobis pacem« ist jedoch kein Lobpreis, sondern eine flehentliche Bitte. Wenn Bach bei dieser dennoch an das »Gratias agimus tibi« anknüpfte, dann geschah es, um auch diesen letzten Teil der Messe ebenso wie die Missa, das Symbolum Nicenum und das Sanctus und somit das ganze Werk mit einer erhebenden Verherrlichung Gottes zu beschließen.

Nachwort

Wer sich nach der Einzelbetrachtung der h-moll-Messe noch einmal Gedanken über das Gesamtwerk macht, der kann gewiß an der Tatsache nicht vorübergehen, daß der letzte Teil vom Osanna bis zum Dona nobis pacem mit größter Wahrscheinlichkeit nur noch aus Parodien besteht; nur in einem Falle ist, wie sich gezeigt hat, die Vorlage noch nicht ermittelt. Beweist dies nicht wirklich, daß Bach dem Abschluß der Messe nicht mehr die gleiche Hingabe gewidmet hat wie den vorangegangenen Teilen, insonderheit dem erst kurz, wenn nicht gar unmittelbar vorher entstandenen Credo? Dieser Eindruck bleibt bestehen, trotz aller Anerkennung der künstlerischen Bedeutung, die auch den letzten Stücken der Messe nicht abgesprochen werden kann. Damit aber stellt sich noch einmal die Frage nach der Zweckbestimmung von Bachs einziger »Missa tota«. Hat er in jenen Jahren, als er das Werk vollendete, eine Gesamtaufführung im Auge gehabt? Es wurde im ersten Abschnitt bereits ausgeführt, daß sich diese Frage in Anbetracht dessen, daß vom Gesamtwerk kein Aufführungsmaterial überliefert und möglicherweise s. Z. gar keins hergestellt worden ist, nicht beantworten läßt. Eine Aufführung der vollständigen h-moll-Messe durch Bach selbst ist jedenfalls nicht nachweisbar. Es muß daher mit der Möglichkeit gerechnet werden, daß er das Werk ohne konkreten Anlaß in seinem Alter vollendet hat. Welche Absicht und welchen Sinn könnte er aber dann damit verbunden haben?

Bachs Tätigkeit in den letzten Lebensjahren ist öfters als »Sammeln und Bewahren« und als »Sichten des Lebenswerks« gekennzeichnet worden. So viel daran auch richtig ist, so bleibt doch die Frage, ob die Eigenart seiner letzten Schöpfungen damit hinreichend umschrieben und erfaßt ist oder ob er gegen Ende seines Lebens nicht mehr gewollt hat als Sichten, Sammeln und Bewahren. Der *Dritte Teil der Klavier-Übung*, die *Goldberg-Variationen*, das *Musikalische Opfer*, die *Kanonischen Veränderungen über »Vom Himmel hoch«*, die späten Orgelchoräle, die *Kunst der Fuge* und eben die h-moll-Messe, alle diese Werke werden damit gewiß nicht erschöpfend erklärt. Stellen sie nicht Bachs Versuch dar, bis an die Grenze dessen vorzustoßen, was menschlicher Geist im Bereich der musika-

lischen Kunst auszurichten vermag, und zwar in zweifacher Richtung, einmal in der Auslotung der satztechnischen Möglichkeiten, die die schöpfungsmäßig vorgegebenen Ordnungen und Gesetze der Musik in sich bergen, und zum andern in der symbolischen Aussage von Glaubenswahrheiten, soweit sich eine solche kompositorisch verwirklichen läßt? Es mag sein, daß Bach nach der Vollendung des Credo das Gefühl hatte, in diesem das künstlerisch Vorstellbare erreicht zu haben. Von daher ließe es sich erklären, warum er danach das Werk ausschließlich mit Parodien zu Ende geführt hat. Aber hätte er dann nicht auf die letzten Stücke der Messe verzichten können? Daß er das nicht getan hat, zeigt doch wohl, daß es ihm eben auf die Fertigstellung einer »Missa tota« angekommen ist und in Verbindung damit auf eine zusammenfassende musikalische Darstellung der zentralen christlichen Glaubensaussagen.
So sehr sich solche Überlegungen aufdrängen, so kann freilich auch nicht ausgeschlossen werden, daß Bach gegen Ende seines Lebens durch äußere Umstände an der Vollendung der Messe in derselben vergeistigten Hintergründigkeit, von der das Credo bestimmt ist, gehindert worden ist.

*

Generationen von Menschen haben von einer sinnbildlichen Bedeutung von Bachs musikalischer Sprache, die infolge des ausschließlich liturgischen Textes bei keinem zweiten Werk eine so grundlegende Bedeutung hat wie bei der h-moll-Messe, kaum etwas gewußt. Trotzdem hat sie, wann und wo immer sie aufgeführt wurde, den Hörern allein durch ihre klanglich-sinnliche Erscheinung stets Außerordentliches bedeutet. Aber wie dieses Werk dargeboten wird und was der Hörer aus ihm entnimmt, das sollte nicht dahingestellt bleiben. Bis zu einem gewissen Grade hat er freilich immer gespürt, daß bei der h-moll-Messe in letzter künstlerischer Vollmacht Musik aus dem Glauben geschaffen worden ist. Muß es daher nicht als ein großer geistiger Gewinn angesehen werden, wenn wir heute über das bloße Klangbild des Werkes hinaus mehr und mehr seinen gleichnishaften Sinn erkennen und um ihn wissen? Bach tritt uns in der h-moll-Messe unbestreitbar auch als Theologe gegenüber, indem er in ihr bewußt trinitarische Theologie verankert und verschlüsselt hat. Möge niemand in der Verquickung von künstlerischem Schaffen und theologischem Denken einen Nachteil sehen! Denn solches Denken ist keine von Bachs gesamter geistiger Existenz abgesonderte Verstandestätigkeit, sondern in aller Lebensfülle und allem persönlichen Betroffensein unlöslich in sein kompositorisches Werk verwoben. Erkennt man das, werden einem letzte Tiefen seiner Kunst erschlossen.

Neuere Literatur über die h-moll-Messe

Rudolf Gerber, *Über Geist und Wesen von Bachs h-moll-Messe.* In: » Bach-Jahrbuch « 1932, S. 119 ff.

Emilie Schild, *Geschichte der protestantischen Meßkomposition im 17. und 18. Jahrhundert.* Dissertation Gießen 1934.

Arnold Schering, *Die Hohe Messe in h-moll. Eine Huldigungsmusik und Krönungsmusik für Friedrich August II.* In: » Bach-Jahrbuch « 1936, S. 1 ff.

Friedrich Smend, *Bachs h-moll-Messe. Entstehung, Überlieferung, Bedeutung.* In: » Bach-Jahrbuch « 1937, Seite 1 ff.

Arnold Schering, *Joh. Seb. Bach und das Musikleben in Leipzig im 18. Jahrhundert.* Leipzig 1941, S. 214 ff.

Carl Allan Moberg, *Bachs passioner och Höga Mässa.* Stockholm 1949.

Anthon van der Horst und G. van der Leeuw, *Bach's Hoogmis.* Amsterdam, o. J. (etwa 1942).

Norbert Dufourcq, *La messe en si mineur de J.-S. Bach.* Paris 1948.

Arnold Schmitz, *Die Bildlichkeit der wortgebundenen Musik Johann Sebastian Bachs.* Mainz 1949.

Rudolf Steglich, *Wege zu Bach.* Regensburg 1950, Seite 135 ff.

Walter Blankenburg, *Der Titel und das Titelbild von Johann Heinrich Buttstedts Schrift » Ut, mi, sol, re, fa, la — tota musica et harmonia aeterna ... «* (1717). In: » Die Musikforschung « 3. Jg. 1950, S. 64 ff.

Walter Blankenburg, *Die Stellung des Osanna in der h-moll-Messe J. S. Bachs.* In: » Die Musikforschung « 3. Jg. 1950, S. 277 f.

Eugen Schmitz, *Bachs h-moll-Messe und die Dresdner katholische Kirchenmusik.* In: » Bericht über die wissenschaftliche Bachtagung der Gesellschaft für Musikforschung Leipzig 1950. « Leipzig 1951, S. 320 ff.

Thrasybulos G. Georgiades, *Musik und Sprache. Das Werden der abendländischen Musik dargestellt an der Vertonung der Messe.* Berlin 1954.

Friedrich Smend, *Kritischer Bericht zur Ausgabe der h-moll-Messe in der NBA (II/1).* Kassel 1956.

Friedrich Smend, *Zu den Messen-Kompositionen des Bach-Festes.* In: 33. Deutsches Bachfest in Lüneburg 1956, S. 62 ff.

Hermann Keller, *Gibt es eine h-moll-Messe von Bach?* In: » Musik und Kirche « 27. Jg. 1957, S. 81 ff.

Walter Blankenburg, *» Sogenannte h-moll-Messe « oder nach wie vor » h-moll-Messe «?* In: » Musik und Kirche « 27. Jg. 1957, S. 87 ff.

Alfred Dürr, *Zur Chronologie der Leipziger Vokalwerke J. S. Bachs.* In: » Bach-Jahrbuch « 1957, S. 5 ff.

Georg von Dadelsen, *Beiträge zur Chronologie der Werke Johann Sebastian Bachs*. Trossingen 1958. (Darin auf S. 143 ff. ein grundlegender »Exkurs über die h-moll-Messe«, der in Band CLXX von »Wege der Forschung: Johann Sebastian Bach«, hrsg. von Walter Blankenburg, Darmstadt 1970, wiederabgedruckt ist.)

Georg von Dadelsen, *Zum Problem der »H-moll-Messe«*. In: »35. Deutsches Bachfest der Neuen Bachgesellschaft«, Stuttgart 1958, S. 77 ff.

Georg von Dadelsen, *Friedrich Smends Ausgabe der h-moll-Messe von J. S. Bach*. In: »Die Musikforschung« 12. Jg. 1959, S. 315 ff. (Ausführliche Abhandlung über die Neuausgabe der h-moll-Messe in der NBA.)

Wilhelm Ehmann, *»Concertisten« und »Ripienisten« in der h-moll-Messe von Johann Sebastian Bach*. In: »Musik und Kirche« 30. Jg. 1960, S. 95 ff., 138 ff., 227 ff. und 255 ff. (auch als Sonderdruck erschienen).

Alfred Dürr, *Zum Problem »Concertisten« und »Ripienisten« in der h-moll-Messe*. Ebenda 31. Jg. 1961, S. 232 ff.

Wilhelm Ehmann, *Noch einmal zur Problematik »Concertisten« — »Ripienisten«. Erwiderung an Alfred Dürr*. Ebenda 31. Jg. 1961, S. 267 ff.

Joachim Krause, *Zeichen und Zahlen in der A-dur-Arie der h-moll-Messe Bachs*. Ebenda, 32. Jg. 1962, S. 1 ff.

Joachim Krause, *Gestalten und Zahlen im »Et incarnatus est« der h-moll-Messe Bachs*. In: »Saarbrücker Hefte«, Heft 19, 1964, S. 21 ff.

Fritz Feldmann, *Zur Problematik der h-moll-Messe*. In: »40. Deutsches Bachfest Hamburg 1965«, S. 171 ff.

Georg Walter, *Die Schicksale des Autographs der h-moll-Messe von J. S. Bach. Ein Beitrag zur zürcherischen Musikverlags-Geschichte*. Zürich 1965 (enthält aufschlußreiche Ermittlungen).

Bernhard Paumgartner, *Zum »Crucifixus« der h-moll-Messe J. S. Bachs*. In: »Österreichische Musikzeitschrift«, Sondernummer Oktober 1966, S. 4 ff. (Zeigt dessen Zusammenhang mit einer Komposition Vivaldis.)

Walter Blankenburg, *Zur h-moll-Messe*. In: »42. Deutsches Bachfest Wuppertal 1967«, S. 51 ff.

Christoph Wolff, *Zur musikalischen Vorgeschichte des Kyrie aus Johann Sebastian Bachs Messe in h-moll*. In: »Festschrift Bruno Stäblein«, hrsg. von Martin Ruhnke, Kassel 1967, S. 316 ff. (Nachweis des Zusammenhangs mit einer Komposition von J. H. von Wilderer.)

Christoph Wolff, *Der Stile antico in der Musik Johann Sebastian Bachs. Studien zu Bachs Spätwerk*. Wiesbaden 1968.

Nikolaus Harnoncourt, *Johann Sebastian Bach, Messe in h-moll*, BWV 232. Eine Einführung. In: Beiheft zur Schallplattenaufnahme in der Reihe „Das alte Werk", Telefunken SKH 20 (1968).

Ausgaben

Große Partitur: Neue Bach-Ausgabe (NBA) II/1, hrsg. von Friedrich Smend, Kassel etc. 1954: Bärenreiter (BA 5001).

Taschenpartitur: Unveränderter Nachdruck von Band II/1 der NBA. Kassel 1955: Bärenreiter (TP 1).

Klavierauszug: Gottfried Müller (nach NBA). Kassel 1955: (Bärenreiter (BA 5102a).

Faksimile-Ausgabe: Messe in h-moll. Faksimile-Lichtdruck des Autographs mit einem Nachwort hrsg. von Alfred Dürr. Kassel etc. 1965: Bärenreiter.

Der Text der h-moll-Messe

KYRIE

Chor   *Kyrie eleison* — Herr, erbarme dich unser.
Duett   *Christe eleison* — Christe, erbarme dich unser.
Chor   *Kyrie eleison* — Herr, erbarme dich unser.

GLORIA

Chor   *Gloria in excelsis Deo, et in terra pax hominibus bonae voluntatis.*
Ehre sei Gott in der Höhe, und Friede auf Erden, den Menschen ein Wohlgefallen.

*

Arie   *Laudamus te, benedicimus te, adoramus te, glorificamus te.*
Wir loben Dich, wir preisen Dich, wir beten Dich an, wir rühmen Dich.

Chor   *Gratias agimus tibi propter magnam gloriam tuam.*
Wir sagen Dir Dank um Deiner großen Ehre willen.

*

Domine Deus, rex coelestis, Deus Pater omnipotens,
Domine Fili unigenite, Jesu Christe, altissime,
Domine Deus, Agnus Dei, Filius Patris.
Herr Gott, himmlischer König, Gott, allmächtiger Vater,
Herr, eingeborner Sohn, Jesu Christe, Du Allerhöchster,
Herr Gott, Lamm Gottes, ein Sohn des Vaters.

Chor   *Qui tollis peccata mundi, miserere nobis,*
qui tollis peccata mundi, miserere nobis,
qui tollis peccata mundi, suscipe deprecationem nostram.
Der du hinnimmst die Sünd der Welt, erbarm Dich unser,
Der du hinnimmst die Sünd der Welt, erbarm Dich unser,
Der du hinnimmst die Sünd der Welt, nimm an unser Gebet.

Arie   *Qui sedes ad dextram Patris, miserere nobis.*
Der du sitzest zu der Rechten des Vaters, erbarm Dich unser.

*

Arie   *Quoniam tu solus sanctus, tu solus Dominus, tu solus altissimus, Jesu Christe,*
Denn Du bist allein heilig, Du bist allein der Herr,
Du bist allein der Höchste, Jesu Christe,

Chor   *Cum Sancto Spiritu in gloria Dei Patris. Amen.*
Mit dem Heiligen Geist in der Herrlichkeit Gottes des Vaters. Amen.

CREDO (SYMBOLUM NICENUM)

Chor
: *Credo in unum Deum.*
Ich glaube an einen Gott.

Chor
: *Patrem omnipotentem, factorem coeli et terrae, visibilium omnium et invisibilium.*
Allmächtigen Vater, Schöpfer Himmels und der Erden, aller sichtbaren Ding und unsichtbaren.

*

Duett
: *Et in unum Dominum Jesum Christum, Filium Dei unigenitum, et ex Patre natum ante omnia saecula. Deum de Deo, lumen de lumine, Deum verum de Deo vero, genitum, non factum, consubstantialem Patri, per quem omnia facta sunt, qui propter nos homines et propter nostram salutem descendit de coelis.*
Und an einen einigen Herrn Jesum Christum, Gottes eingebornen Sohn, der vom Vater geboren ist vor der ganzen Welt, Gott von Gott, Licht vom Lichte, wahrer Gott vom wahren Gotte, geboren, nicht geschaffen, mit dem Vater in einerlei Wesen, durch welchen alles geschaffen ist, welcher um uns Menschen und um unserer Seligkeit willen vom Himmel gekommen ist.

Chor
: *Et incarnatus est de Spiritu Sancto ex Maria virgine et homo factus est.*
Und empfangen wurde durch den Heiligen Geist von der Jungfrau Maria und Mensch wurde.

Chor
: *Crucifixus etiam pro nobis sub Pontio Pilato, passus et sepultus est.*
Auch für uns gekreuzigt unter Pontio Pilato, gelitten und begraben.

Chor
: *Et resurrexit tertia die secundum scripturas et ascendit in coelum, sedet ad dexteram Patris et iterum venturus est cum gloria, judicare vivos et mortuos, cujus regni non erit finis.*
Und am dritten Tage auferstanden nach der Schrift und ist aufgefahren in den Himmel, sitzet zur Rechten des Vaters und wird wiederkommen mit Herrlichkeit, zu richten die Lebendigen und die Toten, deß' Reich kein Ende haben wird.

*

Arie
: *Et in Spiritum Sanctum, Dominum et vivificantem, qui ex Patre Filioque procedit, qui cum Patre et Filio simul adoratur et conglorificatur, qui locutus est per prophetas. Et unam sanctam catholicam et apostolicam ecclesiam.*

Und an den Heiligen Geist, der ein Herr ist und lebendig macht, der vom Vater und dem Sohne ausgeht, der mit dem Vater und dem Sohne zugleich angebetet und geehrt wird, der durch die Propheten geredet hat. Und eine heilige allgemeine und apostolische Kirche.

Chor *Confiteor unum baptisma in remissionem peccatorum.*
Ich bekenne eine einige Taufe zur Vergebung der Sünden.

Chor *Et exspecto resurrectionem mortuorum et vitam venturi saeculi. Amen.*
Und warte auf die Auferstehung der Toten und ein Leben der zukünftigen Welt. Amen.

SANCTUS – OSANNA – BENEDICTUS

Chor *Sanctus, sanctus, sanctus, Dominus Deus Sabaoth!*
Pleni sunt coeli et terra gloria eius.
Heilig, heilig, heilig ist Gott, der Herr Zebaoth!
Voll sind Himmel und Erde seiner Herrlichkeit.

Chor *Osanna in excelsis.*
Hosianna in der Höhe.

Arie *Benedictus, qui venit in nomine Domini.*
Gelobt sei, der da kommt im Namen des Herrn.

Chor *Osanna in excelsis.*
Hosianna in der Höhe.

AGNUS DEI – DONA NOBIS PACEM

Arie *Agnus Dei, qui tollis peccata mundi, miserere nobis.*
Lamm Gottes, der Du trägst die Sünd der Welt, erbarme Dich unser.

Chor *Dona nobis pacem.*
Gib uns Frieden.

Musik im Taschenbuch

Biographisches
Schütz · Bach · Mozart · Schubert · Wagner · Robert Schumann · Clara Schumann · Brahms · Schönberg · Bartók

Werkbeschreibungen
Bach-Kantaten · h-moll-Messe · Weihnachts-Oratorium · Wohltemperiertes Klavier · Schubert-Lieder · Schumann-Lieder

Handbücher
Geschichte der Musik · Oper · dtv-Atlas zur Musik · Schubert-Werkverzeichnis

edition MGG
Einzeldarstellungen aus der Enzyklopädie „Die Musik in Geschichte und Gegenwart": Musikgeschichte · Außereuropäische Musik · Musikalische Gattungen · Musikinstrumente

Musiktheorie Musikästhetik
Kontrapunkt · Harmonielehre · Gehörbildung · Stimmbildung · Stilkunde · Musikästhetische Texte · Musikethnologie · Musiksoziologie · Musiktherapie · Musikrezeption

Essay
Pierre Boulez · Alfred Einstein · Hans Werner Henze · Joachim Kaiser

Lieder und Texte
Deutsche Liedertexte · Weihnachtslieder · Mozart zweisprachig · Wagner-Dramen · Biermann · Brauer · Heller · Kreusch-Jacob · Cowboylieder

Pop und Schlager
ABBA-Texte · Beatles-Repertoire · Hitmacher & Mitmacher · The Who-Texte · Deutsche Schlager

Memoiren
Anton Dermota · Margot Fonteyn · Rudolf Hartmann · Yehudi Menuhin · Gerald Moore · Nicolas Nabokov · Gregor Piatigorsky · Hermann Prey · Walter Slezak · Hans Heinz Stuckenschmidt

Anekdoten und Cartoons
Bernard Grun · Gerard Hoffnung · Alexander Witeschnik

Quartettspiel
Kennst du diese Komponisten?

Bärenreiter-Taschenpartituren
Händel · Bach · Haydn · Mozart · Beethoven